RETIENS MA NUIT

DU MÊME AUTEUR
CHEZ POCKET

PETIT DICTIONNAIRE AMOUREUX DU CATHOLICISME

PETIT DICTIONNAIRE AMOUREUX DE LA FRANCE

RETIENS MA NUIT

DENIS TILLINAC

RETIENS MA NUIT

roman

PLON

MIXTE
Papier issu de sources responsables
FSC® C003309
FSC www.fsc.org

Pocket, une marque d'Univers Poche,
est un éditeur qui s'engage pour la préservation
de son environnement et qui utilise du papier fabriqué
à partir de bois provenant de forêts
gérées de manière responsable.

ISBN : 978-2-266-26821-9

Pour Jeanne Audy-Rowland.

Les personnages principaux et les scènes de ce roman sont tous imaginaires.

LE JOURNAL DE FRANÇOIS

Minuit vient de sonner. Musique triste de la pluie sur les carreaux. Le temps coule avec lenteur, grain après grain dans son sablier géant.

Elle là-bas, dans cette maison que je hais, avec ce mari qui peut-être…

Moi ici, avec son absence.

Écrire pour conjurer ma solitude. Mieux vaudrait dormir mais je ne peux pas. Mieux vaudrait pleurer mais je ne sais plus. Pourtant les larmes ne sont pas loin.

Claire dort à l'étage, dans notre chambre. Claire, mon épouse depuis trente-sept ans, la mère de nos deux fils. J'écris clandestinement dans ce bureau, il ne faut pas qu'elle sache. Depuis le début, la clandestinité est notre lot. Nous n'avions pas le choix. Elle nous a enivrés, elle nous a ligotés. À la longue, elle est devenue notre complice.

Hélène dort ou fait semblant, à vingt kilomètres d'ici, sur l'autre rive de la Loire. À moins que… Pour comble de malheur, je connais la chambre.

Impossible de l'imaginer dans son sommeil en effaçant la présence de son mari.

Je suis allé à Blois cet après-midi, entre deux visites, en restant sur la rive gauche pour éviter les abords des Grouets. Je me suis arrêté devant le pont Gabriel. Ville grise sous la pluie. J'ai espéré voir surgir Hélène. Elle se retournait toujours à hauteur de l'obélisque pour s'assurer qu'elle n'était pas suivie. La silhouette d'Hélène sur ce pont, avec en arrière-plan les flèches de Saint-Nicolas, le château, la cathédrale Saint-Louis, le clocher haut sur pattes de la basilique de la Trinité, les toits : imagerie de notre amour.

Hélène poussait la porte de la brasserie. Toujours en retard, toujours essoufflée. « Je ne pourrai pas rester longtemps. » Toujours le temps à ses trousses, il fallait ruser avec. Aux heures ouvrables, elle tenait la galerie d'art avec Sylvie. Le soir, elle redevenait l'épouse de Franck. Souvent sa fille Laure débarquait de Paris pour lui caser ses deux gosses. Souvent ils partaient le week-end à La Baule où ils ont une villa. Le temps toujours compté, nous toujours aux aguets.

Dix chiffres tapés sur mon portable et j'entendrais sa voix, avec le reste d'accent qui l'ensoleille. Voix entre flûte et violoncelle. Ce portable, c'est mon supplice. Chaque fois qu'il sonne, j'espère que ce sera elle. « Bonjour, docteur. » Ce n'est jamais elle. Nous avons décidé de ne plus nous voir ni nous appeler pendant un mois. Ou plutôt elle a décidé, j'ai accepté. Vers la fin trop de fiel corrompait nos extases – et jamais le temps de tirer au clair cet imbroglio dont je crains d'être seul responsable.

Je ne tiendrai pas un mois. Hélène non plus. J'espère son appel mais j'ai peur de son verdict. Si elle renonce, je partirai. J'ai évoqué avec Claire l'opportunité d'aller grignoter loin d'ici le reste de nos jours. À la fin de l'année j'aurai pris ma retraite, je suis las de regarder couler la Loire en contrebas de notre jardin. Las de ce patelin blanchâtre commis au gardiennage d'un château historique. Las de la routine d'un médecin de campagne. J'ai aimé Chaumont – un trait blanc à l'horizontale, une grosse tache de vert sombre où se planque le château. Composition à la de Staël. J'ai aimé ce fleuve qui n'en finira jamais de s'enfuir vers le large entre ses îlots et ses bancs de sable. J'ai aimé renouer avec la provincialité, cette berceuse des quatre saisons. Tout a trop changé, je n'ai plus d'accroche avec le monde. En ai-je jamais eu ? J'ai fait semblant d'être un adulte, je continue par courtoisie mais ça ne m'amuse plus ; là où Hélène m'a rejoint, les jeux de rôles ne sont plus de mise.

Claire n'a rien contre l'idée d'aller replanter nos pénates ailleurs, bien qu'elle ait toujours vécu à Blois puis à Chaumont. Mon épouse est accommodante. Rien ne lui pèse, rien ne lui coûte, elle a pris la vie comme elle se présentait, elle me suivra où bon me semblera. Mais où ? Retrouver mon terrier originel à Charolles ? Avant Hélène, j'y songeais ; faire une fin au plus près de la tombe de famille me paraissait sinon désirable, du moins reposant pour l'esprit.

Avant Hélène… Je revois comme s'il était un autre ce toubib dans son cabinet au bord de la route, adossé à la falaise, sous la chapelle du château. Mes visites entre Rilly et Candé-sur-Beuvron avec mon gros cartable de cuir, cadeau d'anniversaire de Claire. « Bonjour, docteur. » Les soirs à la maison, avec Claire et nos deux garçons jusqu'à ce qu'ils aient pris leur envol. Puis avec Claire, sans eux. Les week-ends à Bracieux dans la maison de ma belle-mère, ou à Nourray dans la propriété de mon beau-père. Les vacances à Charolles, toujours à Noël et toujours au mois d'août. Mes jours ensommeillés prenaient de menues joies, un rai de soleil sur un vignoble, une sonate de Haydn, un lièvre déboulant d'un taillis, un héron à l'atterrissage. Des fredaines de circonstance, jamais sollicitées, je suis bien trop timide. Jamais refusées non plus : avant Hélène, je picorais de la féminité là où elle m'ouvrait ses ailes, sans forcer sur la sophistication érotique. Fredaines au naturel, comme on dit d'un produit de la ferme. La nuit, j'avais mes livres. Surtout des romans qui ont en commun de mettre en scène une héroïne romantique, au sens large. J'ai vécu avec des sylphides qui recomposaient en les idéalisant les scènes d'un amour impossible avec ma cousine Bénédicte. Vécu n'est pas trop dire : mes journées n'étaient qu'une parenthèse ouverte et vite refermée, j'avais hâte de retrouver mes chères compagnes d'infortune – ces amoureuses tragiques avec qui je fuguais dans mes rêves.

Avant Hélène, il y eut Bénédicte – le regret lancinant de ma belle et folle cousine, sanctuaire inviolable d'une sentimentalité en jachère puis en déshérence.

Avant Hélène, je trimbalais un moi fantoche calcifié en un personnage prévisible. Moi à l'usage d'autrui, absent de soi et d'autant plus sociable.

Avant Hélène, j'ai aimé Bénédicte, illusoirement. Puis Claire, considérablement. À ma surprise nos liens n'ont été en rien affectés. Même nos corps, après une conjugalité de longue haleine : à termes espacés, mais réguliers, ils ont continué comme avant de se joindre sous les draps de notre lit Charles-X, en respectant un scénario immuable. Hélène n'y perdait rien. Les corps ont leurs raisons, qui embrouillent les cartes du Tendre ; celui de Claire avait partie liée avec l'amour d'Hélène, par suite d'une alchimie dont j'ignore les secrets. Hélas, j'en ai conclu que, peut-être, sous les draps de son lit conjugal…

Nous ne partirons pas. Je ne quitterai pas Claire. Nous avons rêvé d'une évasion dans un endroit vierge de nos passés, une île au trésor, un ciel étoilé sous les tropiques. Ou Cahors, la ville d'Hélène, que j'ai poétisée sans la connaître. Après tout, j'allais prendre ma retraite, nos fils vivent loin d'ici, j'aurai toujours plus d'argent que je ne sais en dépenser.

C'était juste un rêve. Il eût fallu divorcer. Je reprochais à Hélène de ne s'y résigner qu'à contrecœur, avec une mauvaise foi lamentable car je n'ai jamais vraiment imaginé laisser Claire en rade. Hélène le savait. Elle m'a reproché cette tricherie, j'ai peur qu'elle ne l'incite à l'adieu aux armes. Elle souhaitait que s'instaurent des relations associant Claire et Franck dans une sorte d'intimité à quatre. Comme s'il était pensable que je le revoie poser sa main sur l'épaule d'Hélène. Tout a découlé de ce geste. Plutôt ne plus la voir. En écrivant cela, je me fais peur et je me mens : plutôt mourir que renoncer à elle.

Pourquoi si tard ? Passé la soixantaine, les élans romantiques ne sont plus de saison. Le moteur a des ratés, la carrosserie des éraflures. On compte ses abattis et ses points de retraite. On commence à pressentir que l'escale ici-bas connaîtra une fin sous une dalle ou dans une urne, au choix. Les patients de mon âge, que j'ai connus fringants, en ont tous rabattu sur leurs illusions, leurs aspirations, leurs ambitions ; ils se calfeutrent pour tenir la vieillesse à distance. Ou affectent de la défier, mais je les connais trop, ils en ont tous peur. Je la voyais venir avec une résignation teintée de mélancolie plus douce qu'amère, conscient que le sort aura été plutôt bon prince : enfance protégée, épouse irréprochable, métier honorable, deux fils affectueux et moralement pas vérolés. La vie sans angles aigus d'un rejeton hors délai de la bourgeoisie de province. Elle se conjugue au passé, comme l'univers de Proust que je relisais avec une délectation à peine morose quand Hélène est venue s'insinuer entre Oriane, Gilberte et Albertine. Obsolète par héritage familial, désuet par toutes les fibres de ma sensibilité, j'ai baguenaudé à la godille dans un passé indéfini – un passé composé, décomposé, recomposé qui peu à peu et presque à mon insu aura façonné ce moi contrebandier.

À vingt ans, étudiant à Paris, je savais déjà que l'avenir ne serait jamais mon horizon. Par miracle, j'avais filouté à la repêche un bac préparé en candidat libre, après deux redoublements et une exclusion du Sacré-Cœur, l'institution privée de Paray-le-Monial. J'étais un de ces demi-cancres pas trop mauvais en maths qui frôlent la moyenne à force de cours particuliers. Dissipations sans gloire : des cuites pour ne pas déchoir vis-à-vis des copains, une fugue en stop jusqu'à Valence avec une fille de Digoin qui m'a déniaisé sommairement. La pilule n'existait pas, ça compliquait la donne. Vivre me paraissait une comédie rebutante, et d'une utilité douteuse.

J'ai fait médecine parce que j'ai été recalé au concours de véto, sinon j'aurais succédé à mon père comme prévu puisque je suis l'aîné. À l'époque, une fois passé l'obstacle du CPEM, les examens de fin d'année s'enfilaient comme des perles. J'avais voulu monter à Paris pour me déprovincialiser mais on ne force pas longtemps sa nature ; la mienne est casanière, je ne quittais le périmètre de la fac – rue de l'École-de-Médecine, rue des Saints-Pères – que pour me pelotonner dans les limbes familiales à Charolles. Seul événement d'importance : l'arrivée de la pilule. Ça simplifiait la chose sans résoudre sur le fond mon inappétence pour la vie, je me sentais empoté et surnuméraire. L'amour ? Oui, l'amour, comme dans les romans. Mais avec Bénédicte, et elle ne pouvait pas. À défaut, j'ébauchais des concubinages à temps partiel, pour ne pas être seul le matin quand j'ouvrais les yeux sur la réalité. Je la trouvais peu convaincante.

J'ai accepté un remplacement dans le cabinet de mon beau-père parce que j'avais en mémoire Blois vue depuis l'autre rive – une ville blanche coiffée de noir du temps des Valois, une gravure enluminée, sanctifiée par un baiser de Bénédicte devant le pont Gabriel. Nous étions venus de Paris dans ma deudeuche, elle voulait découvrir les châteaux de la Loire. Elle avait trouvé celui de Chaumont romantique, je la revois caressant d'une main les grands cèdres du parc, l'autre main tenant la mienne. D'où mon empressement à venir remplacer pendant six mois un épicurien cossu et débonnaire qui soignait ses patients à l'aspirine entre deux parties de chasse sur ses domaines dans le Vendômois. Agapes à l'unisson : il mangeait gras, buvait sec et riait haut et fort, il y avait du Rabelais dans ses appétits. Mais ne se piquant de rien quoique ayant comme son frère Léon, l'ancien ministre, le pays blésois à sa botte. J'ai pris sa succession par indolence, j'ai épousé sa fille parce qu'elle était belle, désirable, de bon aloi, et me promettait les conforts d'une épouse à la mode de ma mère ou de mes grands-mères. Bourgeoise sans ostentation, catho sans en faire étalage, aimante avec délicatesse et n'ambitionnant que de reproduire, en plus gai, le parcours de sa propre mère, un mari, des enfants, un train de maison. Reproduire, c'est encore le biais le plus sûr pour tromper le temps.

La première année, nous avons habité Blois chez mes beaux-parents dans leur hôtel de la rue des Rouillis. Entente cordiale. Initiation aux plis et replis de ce pays équivoque, plus tout à fait la Beauce, pas encore la Touraine, presque la Sologne. Initiation aux sous-entendus feutrés de ce paisible chef-lieu encore balzacien, mais plus pour longtemps. Initiation dépaysante et assez exhaustive aux vins de Loire. J'ai voulu habiter Chaumont. Cette aimable horizontale entre Loire et château convenait à mon dessein, qui était de vivre à l'abri du monde. Un colonel en retraite a mis sa maison en vente. Sa simplicité nous a plu, nous l'avons achetée. Claire m'a secondé au cabinet jusqu'à la naissance de Paul. Après, elle est restée à la maison tout en continuant de s'occuper de la paperasserie. Elle a accepté la présidence de la société Saint-Vincent-de-Paul. Ça lui prend beaucoup de temps et d'argent, sans qu'il y paraisse ; en toute chose elle s'évertue à se faire oublier.

À trente ans, j'étais père de famille, toubib de rase campagne, et ravi d'avoir logé mon anachronisme sous un château de la Loire. Chaumont n'est qu'un alignement de maisons basses de part et d'autre d'une départementale, presque un non-lieu où la vie prend ses aises. Rien ne dépasse, sinon le clocher de l'église, et seul entache le décor un pont inélégant. Il nous relie à Onzain où l'on va faire ses emplettes et prendre le train. Car Onzain possède une gare, modeste il est vrai. On entend passer les trains, on les aperçoit de nos fenêtres, à l'étage. J'ai aimé ce grondement qui s'amplifie puis décroît, et à nouveau s'impose le silence. J'ai aimé ce silence des nuits d'hiver, quand le village dort comme un enfant. Si le clocher ne sonnait les heures, on croirait que le temps s'est immobilisé.

À la belle saison, les touristes prolifèrent mais je m'en suis accommodé ; ils ont contribué à m'ancrer dans la peau d'un élément du patrimoine, je suis historique dans mon genre. Étranger à mon époque, étranger à mon bout de rôle social. Clandestin. Claire qui n'a pas d'ambition mondaine ou autre s'est plu à qualifier de détachement mon indifférence. La houle des passions, ses orages, ses carnages, c'était la nuit dans les romans, lampe de chevet allumée, au plus près du corps tiède de Claire. Chaumont dormait dans le noir, le fleuve coulait sans faire de bruit. De ce monde pétrifié j'étais la vigie, témoin par procuration littéraire d'un passé attesté par le château sur lequel les siècles échus n'ont pas de prise.

Avant Hélène, j'ai caboté à vue entre les commodités de l'esquive et les voyages nocturnes dans un outre-monde où divaguaient mes héroïnes. Avant l'amour, il y eut, pendant un demi-siècle, ses préfigurations idéales. Hélène était à la fois improbable et inéluctable. Mais venue si tard que mes égéries étaient devenues entre-temps les complices de mon désenchantement et non plus les amoureuses qui parfois m'inclinaient à hasarder ma main droite sur la hanche de Claire, la gauche tenant le livre ouvert. Ce troc d'identité, comparable à celui dont usa d'Artagnan dans la chambre de Milady, Claire n'a pu l'imaginer. Vers où divague l'imagination de mon épouse ? Des zestes d'ironie laissent présumer un second degré. Dans quel repli de son âme ? Mystère. Elle ne s'est jamais confiée à personne, il arrivait à sa mère de le lui reprocher.

Jamais une plainte, jamais l'expression d'un désir ou d'un regret.

Notre couple ne pouvait pas péricliter. Couple dans les normes d'autrefois, cité en exemple par mes parents avant qu'ils ne meurent, par mon beau-père aussi, satisfait d'avoir refilé sa clientèle, sa fille unique, ses hectares, ses napoléons or et ses meubles de famille à un gendre porté sur la bonne chère et les vins de pays et qui comme lui pratiquait la médecine à l'artisanale. Certes il eût préféré que j'aie l'ambition de grossir mon magot. Mais ses patients m'ont trouvé à leur goût. Sa fille aussi. Ma belle-mère était plus perspicace ; elle trouvait étrange que je ne m'intéresse à rien.

Toujours la pluie. Toujours l'attente, toujours ce nœud dans la poitrine quand le portable sonne. Si un patient me le décrivait, je l'enverrais illico chez le cardiologue.

Claire est à Bracieux avec sa mère. Je suis seul dans la maison, je serai seul dans le grand lit où vraisemblablement elle fut conçue, il y a un certain temps. Bizarrement, j'ai hâte qu'elle revienne ; j'aurais presque peur de dormir sans elle à mes côtés.

Envie lancinante d'appeler Hélène. Je lui demanderais de me rejoindre derrière le cimetière de Mesland, c'était un de nos endroits préférés. Elle me ferait attendre, ayant à terminer je ne sais quoi d'urgent à la galerie. Sa culpabilité. Même à Paris où s'ouvrait pour nous une plage de temps vierge, si elle avait dit à Franck ou à Sylvie qu'elle irait revoir les *Nymphéas* à Marmottan, ou les rois géants au musée de Cluny, il fallait qu'elle y aille. Elle finirait par arriver et, comme il pleut, nous nous abriterions sur le siège arrière de son cabriolet, un peu moins inconfortable que celui de ma vieille 207.

Elle n'appellera pas. Après une algarade, après avoir raccroché brusquement puis fermé son portable, c'était toujours moi qui la relançais. « Chéri, tu es idiot. Arrête de saccager notre bonheur ! » Si au moins j'étais sûr qu'elle est aussi désemparée que moi ! Aussi tentée de composer mon numéro sur son portable. Aussi fébrile à chaque sonnerie ! Si au moins j'étais sûr qu'elle souffre !

Le tableau dans le salon, au-dessus de la commode, semble me narguer. Un paysage d'automne avec deux vaches blanches au creux d'un vallon. Ciel lourd. Nous nous connaissions à peine lorsque je l'ai remarqué dans la vitrine de la galerie. Je suis entré pour demander le prix. Hélène était seule. Joli minois, petit format. Brune de chevelure, brune de peau et veloutée comme une pêche. Lèvres bien ourlées, yeux d'écureuil, sourire discret comme s'excusant d'exister et d'y prendre un certain plaisir. J'ai remarqué la cicatrice entre tempe et commissure, ainsi que l'accent, invitation au voyage sur un mail du Midi. Tout en douceur, je l'ai trouvée charmante, et pas du tout assortie à son mari, Franck, que j'avais croisé deux ou trois fois.

Le tableau me rappelait les collines du Charolais et du Brionnais. Partout du vert tendre, partout des bovins et des bourgs aux murs jaunes coiffés de toits marron. Ici, c'est terre de culture et non d'élevage.

Terre d'exil un peu. J'ai de la tendresse pour les vaches, leurs yeux doux et métaphysiques ; comme moi elles se demandent pourquoi elles sont là plutôt qu'ailleurs ; comme moi elles regardent passer des choses qui bougent et la nuit les mêmes choses repassent, différemment. Ici, les horizons ménagent peu de surprises, seule la Loire prête aux rêveries, les châteaux aussi – et par chance il reste quelques carrés de vignoble à Rilly et à Mesland, ils me rapatrient à Jambles, le pays de ma mère.

Premier dîner aux Grouets, la colline où habitent les riches de Blois, en surplomb de la rive droite. Chez elle. Chez eux, une maison des années trente mise au goût du jour, grandes baies vitrées, du blanc partout, une mezzanine, un Steinway à queue crème. « Too much », diraient mes fils. Hélène en robe noire, posant sur une table basse les flûtes à champagne sur un plateau d'argent. Sa gestuelle était un poème de Ronsard. Hélène à côté de moi à table, débordante de gentillesse car elle avait compris que je m'ennuyais. C'était juste après l'achat du tableau et pour moi tout a commencé ce soir-là, je la connaissais à peine, nous n'en étions pas encore au tutoiement.

Dans ces dîners où nous allions rarement, je buvais beaucoup pour ne pas paraître trop sinistre. Les vins m'ont délié la langue, ça l'a amusée et je crois attendrie de m'entendre dire qu'en me lâchant sur terre Dieu m'avait mis dans un drôle de pétrin. J'ai dû m'excuser d'être un mauvais convive, j'ai tout oublié. Sauf son sourire navré, et des points d'exclamation qui scintillaient dans ses yeux noisette. J'ai eu envie de la revoir.

Je l'ai revue dans la galerie avec Sylvie Gros qui était à ce dîner avec son mari. Douce, très douce et très pudique, sa façon de dévoiler sa faille. Toutes les femmes en ont une, ou plusieurs, mais Hélène, c'était flagrant bien qu'implicite, elle donnait l'impression de bivouaquer à titre précaire, loin de ses bases. Mais quelles bases ?

J'ai pris l'habitude de passer quand une course me rapprochait de Blois, et je préférais qu'elle soit seule. Pourtant Sylvie était plus aguichante avec ses jupes fendues, ses pantalons de cuir, ses talons hauts, ses lèvres peintes et sa crinière rousse enchignonnée à la diable. Hélène n'est pas ce genre de femme qu'un homme se surprend à déshabiller. Duveteuse comme une mésange sortie du nid, discrète comme le cèpe sous la mousse : charme inconnu au rayon de la féminité selon la pub ou les magazines. Nous parlions des peintres qu'elle aimait, des écrivains, compagnons de mes nuits. Elle s'étonnait qu'à l'exception du *Désert des Tartares*, du *Guépard* et de *Belle du Seigneur* je n'aie fréquenté que des auteurs anciens, les romantiques pour résumer, Proust que je relisais étant le plus moderne. « Tu t'es vraiment trompé d'époque », et elle ajoutait qu'elle me comprenait. D'époque et de lieu. « Pourquoi Chaumont ? » Pour presque rien, répondais-je, un baiser sur le pont Gabriel, le hasard d'un remplacement, une épouse sur place, l'horreur du changement. Elle souriait, hochait la tête, en mordillant sa lèvre inférieure.

« Tu es heureux ? » Je haussais les épaules en guise de réponse.

Nous évoquions la vie de province, ses douceurs, ses langueurs, sa monotonie. Elle s'ennuyait un peu à Blois où les refrains de la ritournelle notabiliaire sont toujours les mêmes. Elle bovaryse gentiment, me disais-je en me souvenant d'avoir choisi *Madame Bovary* comme sujet de thèse pour démontrer qu'on avait tort de pathologiser avec des mots de psy la douleur de la pauvre Emma. À qui la faute, si l'amour n'avait été qu'un double leurre ? Triple si on compte le mari.

Je n'aimais presque aucun des artistes exposés dans la galerie. Mais pour le plaisir de la revoir – bientôt un besoin inavoué – je venais aux vernissages, accompagné de Claire dont les goûts ne sont pas plus modernes que les miens. « François, je suis contente de te voir. » Ça sonnait juste : « contente » et pas « ravie », comme elles disent toutes.

Une petite joie m'enveloppait, j'étais venu pour entendre cette phrase, enchâssée dans un sourire qui n'était ni pro ni mondain. Le sourire de Bénédicte à dix ans, à vingt ans, dans ce passé lointain et flou que la mémoire avait fondu en une allégorie de la féminité. Hélène souriait plus banalement à ces queues de comète de la bourgeoisie qui viennent s'encanailler dans un succédané poussif de bohème. L'art… « Je sais, tu t'ennuies. Passe demain, on pourra bavarder tranquillement. » Verdict de Claire au retour, dans la voiture : « Hélène a de la tenue, mais cette pauvre Sylvie est d'une vulgarité. Son mari, n'en parlons pas. » La balance morale de mon épouse pèse prioritairement le mal au trébuchet de la vulgarité, ça lui vient de sa mère. Je n'en menais pas large quand je lui ai présenté mes parents à Charolles, ils sont bourgeois à la sauce bourguignonne, avec un accent glaiseux et des trivialités franchement rustiques, surtout mon père. Claire a su faire la part des choses. « Il est parfois grossier, jamais vulgaire. »

La nuit est tombée. J'avais fini mes consultations quand Maguy m'a appelé. Elle suffoquait, elle craignait une crise cardiaque. Elle suffoque souvent, ses nerfs sont détraqués, elle panique. Je suis allé à Onzain, je l'ai examinée, ça l'a rassurée. Comme d'habitude, elle m'a demandé de me rendre chez Ravaudy à Chouzy-sur-Cisse. Il a lui aussi des coups de poignard dans la région du cœur. Région de tous les risques, à tous les âges. Ravaudy est un notaire à la retraite qui entretient avec Maguy une liaison dont les villageois se gaussent, elle a au moins vingt ans de moins que lui. Les exemples ne manquent pas dans ma clientèle de sexas qui se collent avec une quadra et quelquefois lui sèment un gosse dans le ventre. Cure de fausse jouvence. Rien à voir avec notre amour. Je suis allé chez Ravaudy, je l'ai examiné. Tachycardie, foie engorgé, intestins en vrac – il prend l'eau de partout mais se polarise sur les éclipses de sa virilité. Ses pannes de courant. « Vous devez connaître ça, docteur, nous avons à peu près le même âge. » Je me suis abstenu de lui dire que les pannes, c'est gênant pour la gymnastique sexuelle, pas pour les extases des vrais amoureux. Faute d'électricité, on peut toujours s'éclairer à la bougie, à la lampe à huile ou avec un briquet. Il y a aussi les clairs de lune. Bref…

Pourquoi si tard ? Claire a fait encadrer une photo prise dans le jardin où nous figurons tous les quatre devant le cèdre. Paul devait avoir dix ans, Pierre huit. Nous avions l'air heureux ensemble. Claire rayonnait dans une robe d'été mauve qui découvrait ses épaules. Élégance naturelle. Tenue de soirée, simple jean et pullover ou robe de chambre au saut du lit, toujours ce naturel qui la distingue entre toutes – et Dieu sait qu'elle déteste se faire remarquer. Heureuse, l'était-elle ? On ne sait pas grand-chose des êtres que nous côtoyons. Il est admis que Claire aime son mari, ses enfants, sa maison, celle de sa mère à Bracieux. Admis que ce produit chimiquement pur de la bourgeoisie française a connu un bonheur tricoté avec la patience requise au long d'une existence tracée au cordeau. Le seul bonheur qu'elle convoitait. Admis par nos proches. Admis par moi. Mais ça prouve quoi ? Son sourire sur la photo n'est peut-être qu'un masque. Il y a eu des remous, je les ai pressentis, des regrets peut-être, en tout cas des lassitudes. Elle ne s'est jamais épanchée, je ne l'ai vue pleurer qu'aux obsèques de son père, et sans se donner en spectacle, elle sait se tenir.

Elle était belle dans un registre à la Vigée Le Brun. Récemment elle a regardé cette photo, ébauché une moue qui met en relief les rides de son front. « On vieillit, mon pauvre François. Comme je suis laide ! » Elle m'a dévisagé, éclaté d'un rire franc et net. « Toi aussi. » Nulle cruauté dans ce constat, plutôt une invite à la résignation, comme si elle avait deviné que ce corps empâté, ce cou ridé, ces joues qui s'affaissent, ces cernes sous les yeux et ces cheveux clairsemés au haut du crâne me désobligent. Comme si elle avait remarqué ce que je m'évertue à lui cacher – mes efforts pour perdre du poids en faisant l'impasse sur le vin et le fromage, les exercices d'abdominaux auxquels je m'astreins chaque matin, l'eau de toilette dont je m'asperge, le blouson de daim que je porte de préférence aux vestons.

Comme si elle savait. Il ne faut pas qu'elle sache. Elle a dû supposer des écarts et se faire une raison, sachant que son père ne s'en était pas privé sans que sa vie de famille en ait pâti. Il est admis dans nos milieux que les femmes ont de la vertu, les hommes des attirances pour le cotillon. Elle doit penser que ça m'a passé, et imputer mes velléités d'amincissement à la peur de vieillir.

Avant Hélène, je n'avais pas peur de vieillir, encore moins de mourir. J'existais si peu. Mais j'ai eu peur d'exhiber devant Hélène un corps qui n'a jamais fait de sport et s'est toujours adonné à la gastronomie, lourde de préférence, arrosages de rigueur. Il y a de l'épicurisme dans mon capital génétique, des vignerons de Givry du côté de ma mère, et la famille maternelle de Claire possède des vignobles à Cheverny. Les dimanches à Jambles chez ma grand-mère, à Bracieux chez la mère d'Hélène ou à Vendôme dans l'hôtel particulier de son oncle Léon, rue Guesnault, débutaient souvent par des dégustations rituelles à l'aveugle, en préalable à d'interminables rasades. Depuis quelques années l'Oxyboldine et le Maalox sont mes compagnons de déroute, je paie les arriérés.

Des corps de sexas, j'en vois tous les jours dans ma clientèle, et souvent des corps de patients que je soigne depuis des décennies. Le vieillissement, j'en sais les avanies – le thorax qui se creuse, l'abdomen qui se relâche, la flaccidité des muscles, le teint mâché, la peau tavelée. Je me suis vu dans ce vilain miroir et je suis devenu un de ces ados mal dans leur peau qui se gominent et hantent les salles de musculation pour ressembler aux playboys des affiches publicitaires. J'ai prié Albert, le coiffeur d'Onzain, de couper mes cheveux moins courts qu'avant, en prétendant que c'était le souhait de Claire. J'ai massé mon visage avec la crème antirides de Claire quand elle s'absentait. J'ai noué un foulard sur mon cou pour cacher les plis de la peau. J'ai cessé de prendre ma voiture pour mes visites sur les hauts de Chaumont. Mon corps avec lequel j'entretenais des relations distraites m'a à ce point obsédé qu'en cachette de Claire j'en scrutais les formes devant la glace de l'armoire, Narcisse grotesque se réjouissant si les bourrelets au-dessus de la ceinture avaient tendance à s'effacer. Devant Hélène, je contractais mes abdominaux pour que mon ventre soit plat et j'évitais de lui tourner le dos pour lui cacher mon début de calvitie.

Hélène ne saura jamais les affres de ce huis clos avec mon anatomie, les face-à-face douloureux avec ma tronche, alors que les imperfections de son corps me la rendaient plus désirable. Corps feuilleté, corps brioché, tout en pleins et déliés, corps inachevé qui, loin d'avouer une usure, s'éveille à la splendeur du monde. Du reste, je ne l'ai jamais contemplé, jamais isolé, c'est l'être d'Hélène, être de chair mais dématérialisé par les séquences de son dévoilement.

De ce combat d'arrière-garde avec mon âge je n'étais pas fier. Trop de mes patients se prennent à ce piège, jusqu'à se faire teindre les cheveux comme Ravaudy, quand ils n'ont pas recours aux implants. J'ai fini par comprendre qu'Hélène ne me voyait pas. Ou plus. Dès lors, à quoi bon l'eau de toilette, les frictions au gant de crin, les pompes matinales dans le secret de mon cabinet, les foulards que j'oubliais dans la voiture ? À quoi bon, puisque au premier effleurement nos corps s'évadaient de leur forme, nœud de deux vipères guettant chacune l'instant ou une infime reptation exaspérait la frénésie de l'autre ?

Sur la chronologie de notre intimité, ma mémoire est incertaine. Il y eut ce dîner avec les Vaucher au château du Breuil. L'épouse de Vaucher est une cousine de Claire, nous ne pouvions pas refuser. Ils avaient invité Hélène et Franck. J'ai oublié les autres convives. Politique et économie au menu, très « forces vives » appelées à « dynamiser » le pays blésois. Ils ont tous un complexe de cousins pauvres vis-à-vis d'Orléans et de Tours, ils voudraient tous que Blois sorte de sa prétendue léthargie.

Hélène était à l'autre bout de la table. Nos regards se sont croisés plusieurs fois et son sourire narquois assorti d'un haussement de sourcils me disait : « Je m'ennuie autant que toi, ces raseurs sont trop cons. »

Comptait-elle Franck au nombre des raseurs ? Je n'en étais pas sûr mais j'avais envie de le croire.

Il y eut cet autre dîner chez Jean-Paul Lacroix et son épouse Maryse. Mes seuls vrais amis. Nos fils étaient déjà en fac quand Jean-Paul a acheté son étude de notaire à Blois. Il est de Gueugnon, nous avons paressé ensemble au Sacré-Cœur. Paressé et déconné. Nous ne nous étions jamais revus depuis le bac, ça m'a fait plaisir de pouvoir entretenir un patriotisme d'immigrés en évoquant nos frasques juvéniles. Il a toujours été un joyeux drille et Maryse qui est d'Aigueperse en Auvergne sait recevoir à la mode de ma grand-mère – bonne chère, beaux vins, bonne franquette, pas de frime. Claire l'apprécie parce qu'elle joue juste sa partition d'épouse et ne dit de mal de personne.

Au dessert, l'ivresse de Jean-Paul s'est débondée en souvenirs, et comparaissait à l'ébahissement d'Hélène un personnage ténébreux, chevauchant des chimères aux portes de la folie : moi. Hélène le relançait. J'étais à la fois gêné d'être un sujet de conversation et pas mécontent qu'elle semble s'intéresser à ma personne.

Il y eut ce vernissage d'un artiste chauve et ventru aux oreilles baguées qui exposait à la galerie des toiles de jute maculées de taches de sperme. L'art… Le même sourire dont le snobisme de Sylvie faisait les frais. « Tu t'en doutes, ce n'est pas moi qui l'ai choisi. »

L'automne agonisait. Pluies discrètes, soleil frileux. Nous prenions souvent un verre au Gabriel, la brasserie en face du pont sur la place de la Résistance. La terrasse chauffée me permettait de fumer et nous n'avions pas Sylvie dans les pattes. Par touches insensibles chacun dévoilait le spleen qui affectait son existence d'un coefficient d'irréalité. Je lui parlais de Claire, de nos fils, de Charolles, de ce maître de mon infime destinée – le hasard – qui m'a expatrié loin des pâturages de mon enfance pour me consigner entre un cabinet médical au pied d'un château et une maison devant l'église, avec balcon et jardin donnant sur la Loire. Elle me racontait une histoire en trois chapitres : enfance rêveuse à Cahors, fac brumeuse à Toulouse, abordage modeste de la capitale. Les trains qui passent à Cahors vont tous à Austerlitz, elle ne pouvait pas y échapper. Elle a épousé Franck, ils ont eu Laure. Elle aurait voulu d'autres enfants mais elle n'a pas pu. Franck a gagné de l'argent, ils l'ont dépensé ensemble. Ils ont quitté Paris pour s'établir à Blois parce que Franck a grandi dans les quartiers périphériques, il voulait montrer à ses copains d'enfance de quoi un fils de HLM est capable. Elle a travaillé dans une boîte de pub jusqu'à la naissance de sa fille. Pub et com, c'est l'univers de Franck. Puis un mi-temps dans un musée de Blois et, depuis une dizaine d'années, la galerie créée par Sylvie avec l'argent de son mari.

Hélène ne se plaignait pas de son sort. Moi non plus. Elle n'était pas sûre d'être heureuse, presque sûre d'avoir mérité sa vie confortable et futile dont la rétrospective lui inspirait des giclées d'ironie acide. « Je n'avais pas l'étoffe d'une héroïne. Ni d'une aventurière. Ni d'une superwoman. Je me suis résignée à n'être qu'une figurante. Je me demande quel intérêt tu trouves à perdre du temps avec moi.

Toi, tu existes. » Non, je n'existais pas, mais personne ne s'en apercevait, j'étais le mari de Claire B. Statut de prince consort, d'autant plus équivoque que Claire n'a jamais prétendu régner sur rien. C'est malgré elle que l'auréole le prestige de sa famille. Prestige finissant, mais les parvenus ont toujours un train de retard ; Franck se croit encore au temps où les Benard, les Dupleix, les Naud tenaient le haut du pavé autour de Sudreau et de l'oncle de Claire.

Hélène avait pris l'habitude de se saisir de la cigarette que je sortais du paquet, de l'allumer avec mon briquet, d'aspirer une bouffée en fermant les yeux et de me la tendre. Nos doigts se touchaient, ébauche inavouée d'un flirt de novices. « Il faut que j'y aille, Sylvie a dû rentrer. Repasse quand tu pourras, ça me fait du bien de parler avec toi. »

Je la voyais s'éloigner. Souvent en pantalon de velours côtelé. Quand l'hiver fut venu, elle a porté une canadienne beige et une grosse écharpe de laine, beige également. Je repassais aussi souvent que possible, j'avais envie d'être avec elle, une envie dont les tenants étaient obscurs. Des habitués de la galerie échangeaient avec Sylvie et Hélène des vues sur des artistes que je ne connaissais pas. Le genre branché sur l'art contemporain. Hélène savait qu'il m'est aussi étranger que la littérature à la mode. Elle se devait de s'y intéresser mais c'était une concession de pure forme, un habillage qu'elle ôtait dès que nous étions seuls. « Au fond, je ne suis pas plus moderne que toi. »

Ce fond lui faisait un peu peur ; en s'acoquinant avec mon passéisme, elle risquait de chambouler des équilibres. En même temps, ce risque l'enivrait, elle s'autorisait des semi-aveux d'où il ressortait que sa vie tournait en rond comme un cheval de manège. La mienne ne tenait qu'au ressassement doucereux d'une mélancolie inguérissable. J'avais déserté, Hélène louvoyait en tapissant ses rêveries d'images redevables aux peintres. Nous aimions les mêmes, ceux qui nous rapatriaient... ailleurs. Tous les ailleurs imaginables, et aussi les inimaginables.

Le corps de Laure m'a troublé avant celui de sa mère. Heureusement, Hélène ne s'en est pas aperçue. Laure : trente-huit ans, brune coiffée à la garçonne. Carrosserie de luxe et la faisant reluire. Visage de prédatrice, nez aquilin, plus de menton que de lèvres. Elle ressemble à son père. Avocate d'affaires dans un gros cabinet parisien. Le genre pro, on la sent prête à tout pour réussir une carrière, gagner de l'argent, exister dans sa sphère où les places doivent être chères. Exister, comme son père.

Nous devions passer prendre l'apéritif aux Grouets avant de retrouver les Gros et d'autres amis à l'Orangerie, le restaurant étoilé de Blois en face du château. Franck me trouve insipide, mais il courtise Claire depuis qu'il a décidé de se lancer dans la politique. Jean-Marie, le cousin germain de Claire, est président de la chambre de commerce. Outre l'oncle Léon qui a appartenu à des gouvernements de Giscard et de Mitterrand, et l'oncle Lucien qui a présidé le Conseil supérieur de la magistrature, une parentèle innombrable enracine mon épouse dans la gentry blésoise, avec des attaches en Sologne et dans le Vendômois, et des positions à Paris. Il y a même des particules du côté maternel, un château près de Tour-en-Sologne qu'une de ses tantes a dû vendre après avoir dilapidé ses biens avec des gigolos. Sujet tabou dans ma belle-famille, dont Franck espère le soutien aux prochaines élections. Claire le voit venir. Elle ne s'est jamais prévalue de ses relations et la politique l'intéresse aussi peu que moi, mais elle accepte des invitations au compte-gouttes pour ne blesser personne.

Hélène nous avait inclus dans ce déjeuner pour avoir le plaisir d'être avec moi. « Ils parleront de leurs trucs, ça nous amusera. » Pour moi, pour elle, c'était davantage qu'un plaisir, mais comment décrire les préludes flous de sentiments qui n'osaient pas encore se hausser du col. Entre une amitié au bord de la tendresse et l'amour enluminé d'une majuscule comme sur les manuscrits du Moyen Âge, il manque un chapelet de mots de coloriste ou d'herboriste qui sauraient peindre l'aube embrumée d'émois à l'état de pressentiments, légers et volatiles jusqu'à l'évanescence. Les miroitements du soleil sur le fleuve levaient en moi une houle d'attendrissements auxquels s'associait l'image d'Hélène, comme par inadvertance. Décidément, cette femme me plaisait. Mais pas comme une femme plaît à un homme au premier regard, et soit il la veut au plus vite nue dans ses bras, soit il la décrète inaccessible et la juche dans l'azur étoilé où divague l'éternel féminin. Ce vaste ciel peuplé de mes égéries littéraires, toutes plus ou moins démarquées d'une Bénédicte idéalisée depuis mon enfance par une malice du destin.

Soudain, ce ciel était celui qui apparaissait, en toute familiarité, quand le matin je poussais les volets de la chambre. Soudain, je m'éveillais d'une torpeur et me surprenais à savourer ce qui s'offrait à mon regard. Les premières jonquilles devant le seuil de la maison. Le vol d'une escadrille de canards. Les visages des gens que je croisais en allant acheter mes cigarettes dans la boutique à l'entrée du château. Tout devenait poésie et divertissement. De quel poids étais-je allégé ? Quelles antennes inédites captaient des sensations aussi surabondantes ? Ce miracle procédait d'Hélène, forcément, mais par des chemins de traverse qui n'étaient pas ceux d'une appétence charnelle. Pas encore.

Je n'avais vu Laure qu'une fois, dans un de ces dîners aux Grouets. Détestable et désirable. Le désir d'un homme s'accommode de l'aversion, voire du mépris, et il se pourrait que le contraste l'amplifie, ou voudrait par orgueil soumettre la péroreuse, par bravade décoincer la mijaurée.

Un hasard voulut qu'elle sorte nue de la salle de bains alors que je déposais mon manteau dans le couloir. Nue de dos. Je l'ai vue brièvement entrer dans une chambre. Juste un frisson d'érotisme, l'instantané d'un corps de femme à son apogée, opulent, ingresque, doré – sans doute aux UV. D'autant plus isolable que la voix métallique de Laure, ses propos sur le mari dont elle venait de se séparer, étaient ceux d'une calculatrice sans foi ni loi. Le divorce à venir de Laure désolait Hélène, à cause des enfants qui allaient être séparés de leur père. « Tous ces dégâts pour une histoire de mec. »

Un soir, Hélène a proposé que nous passions le pont pour regarder la ville depuis l'autre rive. Je lui avais raconté ma découverte de Blois avec Bénédicte, la poétique naïve qui auréolait ce souvenir, un condensé de Val de Loire où des maîtresses de rois et des amoureuses de Balzac ont croisé le destin d'Athos qui a élevé dans le Blésois le vicomte de Bragelonne. J'avais dû lui dire aussi qu'en épousant Claire j'avais mélangé sous le générique « amour » une femme de chair, des personnages de roman et une tranche d'histoire de France symbolisée par cette vue, sans savoir que Turner et Bonington l'avaient peinte.

Au bout du pont, Hélène s'est retournée. Des nuages roses s'effilochaient dans un ciel livide. « C'est poignant, ce crépuscule. On prend un café ? »

Notre premier café dans cette brasserie de faubourg rebaptisée Le Pavillon, qui allait devenir notre repaire. Autant qu'il m'en souvienne Fanny n'était pas là. Je crois revoir le patron obèse et manifestement cirrhotique parcourant derrière son comptoir les pages de *La Nouvelle République*, le quotidien régional.

Hélène m'a demandé si je n'avais jamais envisagé de quitter Claire. Jamais. Elle a soupiré : « Moi, si. La crise de la quarantaine, je ne me supportais plus. J'ai failli suivre un type que je connaissais à peine. Je suis restée avec Franck. Je ne l'ai même jamais trompé. Parcours sans faute. Et toi ?

— Des fautes vénielles. »

Son sourire. Son hochement de tête qui sans doute voulait dire les hommes sont tous comme ça, on n'y peut rien. J'ai regretté cette confidence. J'ai ajouté « vraiment vénielles », pour atténuer. Sur le pont, au retour, elle m'a pris le bras en copine affectueuse. J'ai eu envie, non pas de l'embrasser, mais de la serrer contre moi comme je faisais avec mes fils quand ils étaient bébés.

Un train vient de passer. Direction Blois, il va longer les Grouets. Avant Hélène, cette mélodie brève, ce ressac à marée basse faisaient lever en moi je ne sais quelles envies de large. Avant Hélène, les trains, la route, la Loire conspiraient à la volupté à peine triste d'une attente sans objet. Désormais la tristesse n'est plus voluptueuse ; les trains ne vont qu'aux Grouets et là-bas Hélène vit sans moi. Comment être sûr qu'en regardant couler la Loire elle ne pense qu'à moi ? Le fleuve me consent l'illusion d'un message d'elle à moi, c'est mieux que rien, mais dans cette nuit sans lune je ne vois que les lueurs orange des lampadaires au bout du pont, sur la rive droite.

Claire est montée à l'étage. Envie suicidaire de lui confier mon tourment et de lui demander d'appeler Hélène pour qu'elle me revienne, dès cette nuit. Hélène lui obéirait, elle a mis Claire sur un pinacle. Franck s'inclinerait pour peu que Claire lui demande d'éviter un scandale. Envie de le… Je deviens fou, la nuit est trop noire, catafalque géant sous un cœur de pauvre mec en forme de cercueil.

« Ce sera une amitié extrême. »

Nos mains se sont jointes sur le guéridon, paumes ouvertes. Il y avait dans ses yeux un mélange d'ébahissement et de fatalisme. Nous étions entrés dans un bar du boulevard Haussmann après avoir vu une exposition d'œuvres du Pérugin au musée Jacquemart-André. Plus encore que ses Vierges, j'avais admiré sa Marie-Madeleine qui tranche avec l'iconographie habituelle. Hélène était aussi subjuguée que moi. J'ai envie de croire que les prémices de notre amour auront été le partage d'une émotion ennoblie par le visage de la sainte. Pureté, innocence, beauté suave de patricienne : l'abandon n'était que dans son regard.

Il était en latence dans le regard d'Hélène. Elle a posé le menton sur ses mains. « Il n'y a qu'avec toi que je… » Elle a cherché ses mots : « … que j'ai l'impression d'être moi-même. » Elle a mis de l'emphase ironique dans ce « moi-même », comme pour montrer qu'elle n'était pas dupe de son côté psy pour magazine féminin. J'ai répondu en baissant les yeux que, moi, c'était pire, sans elle ma vie n'avait plus de saveur.

Elle a écarquillé les yeux, ils avaient une ressemblance avec ceux de Marie-Madeleine, sur le tableau. Innocence et abandon.

« Ce sera une amitié extrême. »

Amitié parce que le mot amour devrait attendre son heure. Extrême parce qu'il s'impatientait dans les cryptes de nos consciences. Les mots décidément sont des brutes épaisses. Amitié ou amour, ils ne connaissent que ce distinguo lourdingue. Coup de foudre dans un ciel zébré d'éclairs ou platonisme éthéré. Or quand les vannes s'entrouvrent sur un mystère dont l'élucidation fait peur, quand un enchantement s'emmêle à cette peur, quand des émotions indéfinissables se mettent à tournoyer sur une voie étroite au bord d'un précipice, est-ce encore de l'amitié ? Mettons qu'on la décrète tendre ; on n'aura rien cerné de ses vibrations sur la corde du temps – de cette dérive vers un grand large, sans boussole ni gouvernail.

En moi, le mot amour était comme un joyau dans son coffret, un Graal au cœur d'une forêt d'émois qui recomposaient en images saintes les yeux, le sourire, le visage, la silhouette d'Hélène. Les sonates de Scarlatti ou de Haydn, les digressions d'Erroll Garner ou de Nat King Cole que j'écoutais dans ma voiture et qui m'avaient décrit des mondes charmants mais indéfinis et fantomatiques, voilà qu'elles conviaient Hélène dans leur féerie ; l'impossédée de mes chimères accédait à l'existence, c'était miraculeux.

Encore la pluie. Toujours l'attente d'un appel qui ne viendra plus. J'essaie de m'y résigner mais c'est douloureux, elle est si près, vingt kilomètres, un pont à franchir, la Loire à contre-courant jusqu'au chemin des Grouets. J'évite les endroits où nous nous retrouvions, à l'orée des villages. Je crains par-dessus tout l'appel d'une patiente qui habite Blois, à cent mètres de la galerie. Mon beau-père la soignait quand elle était jeune, elle s'est entichée de moi, je ne peux pas l'abandonner, elle souffre de polyarthrite inflammatoire et vit toute seule au rez-de-chaussée d'un de ces hôtels particuliers construits sous Charles VIII ou Louis XII dans la rue des Juifs.

Tentation d'anticiper ma mise à la retraite. Je n'ai plus envie de soigner mes patients, je les connais trop. Plus envie de les écouter, de les rassurer. Plus de curiosité pour leur existence. La mienne stagne, je me sens inutile et inopportun. Deux jeunes consœurs officient dans le nouveau cabinet médical à l'extrémité de Chaumont sur la route de Blois par la rive gauche. Elles ont besoin de gagner leur vie. De plus en plus souvent, je leur envoie les filous qui s'octroient un congé aux frais de la Sécu et les fâcheux qui ont des idées arrêtées sur leur cas. Ça fait beaucoup de monde. Je ne garde que les vrais malades et il y en a encore trop.

Malgré tout, ce cabinet est un refuge. Ce soir, je m'y attarde pour écrire. Aligner des mots sur une page blanche est une thérapie comme une autre. De l'encre ou des neuroleptiques…

La nuit est tombée, la pluie vient de cesser. De loin en loin une voiture passe sur la route. Si elle ralentit, j'ai envie de croire que c'est Hélène. Souvenir obsédant : son appel de son cabriolet, un soir d'orage. Elle quittait Langeais, elle avait dépassé Mosnes, elle allait traverser Chaumont : « Tu es seul ? » Mon dernier client se rhabillait. J'ai hésité. « Gare-toi sur la route qui contourne le château et entre sans sonner. »

Hélène est entrée, j'ai fermé la porte à clef, éteint les lumières du couloir et de la salle d'attente. Elle s'est égouttée, a ôté sa parka et regardé la gravure accrochée au-dessus de mon bureau, une vue de Blois depuis la rive droite, les arches du pont Gabriel, les murs blancs, les toits noirs. Sa moue ironique. « Il manque juste ta Bénédicte. » Elle a appuyé sur le « ta », je n'ai pas relevé. Peut-être est-elle jalouse de ma cousine. Je n'aurais pas dû lui raconter le baiser sur le pont.

Elle a poussé la porte de la petite salle où se trouve la table de consultation. Son sourire mutin. Nos regards de fauves aux aguets, chacun étant pour l'autre le chasseur et la proie. « Éteins. » Nous pouvions tout nous permettre, même une profanation, Dieu n'avait créé le monde que pour y loger nos amours. Le temps que j'éteigne le bureau, Hélène s'était déchaussée et allongée sur la table couverte de papier blanc où j'examine mes patients. « J'ai mal partout, docteur. » Sa voix de violoncelle désaccordé.

La pièce était plongée dans le noir, je ne voyais pas Hélène. Dans ces moments son teint pâlit, ses lèvres se serrent. Debout devant cette table où jamais une patiente dévêtue ne m'avait troublé en presque quarante ans d'exercice – tabou déontologique –, j'ai laissé mes mains commettre la plus inexpiable des fautes professionnelles avec la lenteur du serpent, troussant sa jupe noire comme on lève un voile sur un au-delà dont on ne sait s'il est à notre mesure. Blanc sur noir, tableau invisible à mes yeux mais je me le représentais, mes doigts en peaufinaient le dessin, non sans trembler. Hélène, figée dans une immobilité de gisant, concélébrante d'un rituel barbare. Juste mes doigts dans un silence de nécropole…

Les voitures ne ralentissent pas, elles s'enfuient. Chaumont n'est qu'un point sur une carte routière entre Langeais et Blois où Hélène me trahit peut-être en prostituant son sourire dans un de leurs dîners.

Messe dominicale. Notre maison est la voisine de l'église ; quand les cloches sonnent, nous enfilons nos manteaux, sortons, gagnons notre place habituelle, au fond et à droite, près d'un confessionnal de bois, devant une bannière vouée au culte de Saint Louis. Le jeune prêtre est *tradi* sur les bords, il dit ses messes en latin, le dos tourné aux fidèles. Ça m'enjouvence d'un demi-siècle de réciter le *Pater* dans le texte et de voir des enfants de chœur en soutanelle rouge et surplis blanc à dentelle, comme je l'étais à leur âge dans l'église de Charolles. Nous avons baptisé Paul et Pierre dans cette église, ils y ont fait leur première communion, puis la solennelle. Claire ne reniera jamais le Dieu de son enfance, sa foi semble à l'abri des intempéries. Elle communie un dimanche sur deux. Aurait-elle des péchés sur la conscience ? Des véniels, des mortels ? J'en sais si peu sur l'âme de mon épouse ; par commodité, je la répute limpide. Elle aime prier devant l'effrayante pietà du XVIIe siècle dans la chapelle à gauche du chœur, ça tendrait à prouver qu'elle en sait long sur la souffrance. Moi, c'est la foi du charbonnier, avec des doutes sur la sollicitude divine, elle a dû se lasser. Le même Dieu semblait plus attentif à nos tracas dans la cathédrale superlativement baroque de São Luís où nous avons marié Paul. Ici, il est en pénitence. Les paroissiens entonnent les cantiques avec application, mais sans l'enthousiasme des supporters dans les arènes sportives.

J'ai prié Dieu, je l'ai sommé de me rendre Hélène au plus vite, quitte à nous expédier en enfer. Avec elle je saurai en faire un jardin d'Éden fleuri et gazouillant ; sans elle je suis la proie d'un nihilisme pire que celui de Lucifer. Telle est ma lassitude que même la haine me fausse compagnie. C'est épuisant de haïr. Épuisant, écœurant, salissant. Je n'ai plus de haine pour Franck. Claire m'observe à la dérobée. Je suis sûr qu'elle s'inquiète, mon humeur d'habitude est étale, ni gaie ni sombre.

Pauvre Claire ! Après la messe, Bracieux, comme tous les dimanches, en passant par les Montils, Fougères et Cheverny pour éviter Blois. J'aime bien cette maison basse dont la façade anodine donne sur la place de la mairie mais qui s'étire en fer à cheval autour d'un jardin jusqu'au Beuvron. Maison vieillotte et sombre où le temps semble retenir son souffle ; j'y ai lu des centaines de romans à l'ombre fraîche de la tonnelle, entre deux repas aux Trois marchands où mon beau-père nous rejoignait après avoir chassé depuis l'aube autour des étangs de la propriété.

Claire s'est promis de ne jamais envoyer sa mère mourir hors de chez elle, bien qu'elle ait atteint le stade d'Alzheimer où on ne reconnaît plus ses propres enfants. Moi, c'est une autre maladie, j'identifie machinalement les personnages dans leur décor mais ils ont perdu leur relief, ce sont des formes inertes sur une tapisserie trop empoussiérée pour qu'on y distingue les motifs. Je vois la vie en gris, sans pouvoir isoler mon moi abruti de douleur. Seuls savent m'apaiser les sourires de mon épouse, ils ont une parenté avec ceux d'Hélène. Il ne faut pas que Claire sache, elle ne comprendrait pas. Pourtant elle est de mon bord dans le canton de l'âme le plus inviolable. J'ai besoin de Claire plus qu'avant, et tant pis pour la lâcheté de ce refuge dans le giron de la conjugalité.

Tout à l'heure, sur la route entre Monteaux et Veuves, j'ai allumé le lecteur de CD. Torelli. La nuit tombait. J'ai cru que le violon et la trompette, à l'unisson d'un crépuscule aussi suave, sauraient traverser l'espace qui me sépare d'Hélène.

Les sonates de Torelli étaient le générique de notre innocence. De notre allégresse. Hélène m'avait offert le CD, je le connais par cœur, c'est le cas de le dire. Je ne suis pas un mélomane très averti, j'aime la musique baroque jusqu'à Haydn, avant la grande névrose de l'ère romantique. Les émotions qu'elle distille apprivoisent le tragique sans l'occulter tout à fait. S'il y a des récits d'une infinie tristesse, et d'autres qui semblent narguer l'espérance, une « happy end » reste possible alors que les personnages de mes romans de prédilection n'ont pas accès au bonheur. Ou si brièvement. J'écris ce mot – bonheur – sans trouver les adjectifs qui distingueraient celui que j'ai connu avec Claire et celui que j'ai découvert avec Hélène.

J'écoutais aussi des sonates de Scarlatti interprétées par une pianiste chinoise. Plusieurs me chaviraient, c'était nous dans le langage des anges, les minutes de notre passion égrenées en phrases impétueuses ou murmurantes, notre folle insouciance, nos soupirs entre deux baisers. Je garais ma voiture au bord de la route et appelais Hélène. « Écoute. » Scarlatti savait notre secret. « Merci, chéri. » C'était aussi intense et exténuant que nos corps à corps.

Une euphorie divine repeignait le monde à neuf avec la candeur d'un primitif italien. Blois dont je m'étais lassé, comme de tout, redevenait un catalogue d'images désirables. Chaque méandre du fleuve, chaque village blanc sommeillant sur ses berges commémorait à nouveau les riches heures du Val de Loire ; Hélène accourant sur le pont réincarnait une duchesse de Chevreuse en cavale. Fierté enfantine d'être des irréguliers ! Pitié pour ces pauvres humains qui ne savaient pas. Nous, science infuse de la vraie vie. Hélène était l'héroïne sans âge d'un roman tout à la fois courtois, gothique et romantique – un roman dont le scénario s'écrivait à mesure, des mots de baladins, des gestes d'acrobate, l'abrégé du *Gloria* dans ses yeux.

« Je ne pourrai pas rester longtemps. » Plus tard, cette phrase me poignarderait. Plus tard, le temps serait notre ennemi. Rien alors ne pouvait entacher notre félicité, c'était déjà une grâce inouïe d'avoir son sourire, dans notre brasserie de Vienne, tel est le nom du faubourg, le même nom que la ville de Haydn, de Mozart, de Schubert. Vienne où j'amenais Paul et Pierre voir les animaux du cirque Amar qui s'y fixait alors durant la période hivernale. Pierre prétend que son désir de voyager loin est né de la contemplation d'animaux exotiques, les tigres surtout ; quand nous montions à Paris, il voulait toujours aller au zoo de Vincennes.

Fanny, la serveuse, nous attendrissait avec ses jupes mini, son piercing sous la lèvre, ses cheveux verts ou rouges à la punk, ses talons extravagants. Elle serait notre seule complice mais nous ne le savions pas. Hélène tendait vers moi ses paumes ouvertes comme un mendiant une sébile ; mon index suivait sa ligne de vie, puis appuyait pour sceller, pour poinçonner le pacte qui nous liait. « Tu es heureux, chéri ? » La première fois que le « chéri » lui a échappé, Hélène a mordillé ses lèvres en hochant la tête. « Puisqu'on en est là, autant tout te dire. Je t'aime. Et toi ? » On manque d'imagination dans ces moments, j'ai dû bafouiller « moi aussi », mais je l'ai appelée de ma voiture et là, une salve de « je t'aime » jusqu'à Chaumont.

Appel sur mon portable. Mathilde. Une vieille patiente aux « Bois blancs », l'EHPAD d'Onzain. « Docteur, j'ai du mal à respirer. » J'y suis allé. Elle a dû trouver que je n'étais pas causant. D'ordinaire, j'aime bien m'attarder avec elle. Sa vie de pauvresse n'aura été qu'une suite de malheurs, elle est au bout de tous ses rouleaux et cependant un rien l'amuse, elle a le rire au bord de ses lèvres parcheminées. Je lui apportais des friandises quand elle vivait encore chez elle, dans une masure au-dessus de Chaumont, avec son Groenendael noir qui n'a pas survécu à son départ. Je lui donnais un peu d'argent, elle n'a plus de famille et les filles de ferme de sa génération n'étaient pas toujours déclarées. Je racontais mes visites à Hélène, elle avait pris Mathilde en affection, sans la connaître. « Ta copine », disait-elle, et je lisais dans ses yeux une tendresse qui s'élargissait en cercles concentriques depuis sa famille et ses amis jusqu'au clodo barbu embusqué devant le parking, sur la rue du Maréchal-de-Lattre-de-Tassigny, pour mendier de quoi boire ou fumer.

Étreintes dans l'arrière-salle de la galerie encombrée de toiles et de cadres. Étreintes sans baisers ni caresses, nos bras s'ouvraient et se refermaient en serrant très fort. Fut-ce avant le premier « chéri » ? Il fallait que Sylvie se soit absentée. Étreintes muettes, d'une chasteté assez insolite car enfin il n'y avait plus de doute, nous étions deux amoureux. Mais des amoureux de Peynet. La nuit, je me revoyais dans les bras d'Hélène, elle en pull, moi n'osant pas me défaire de mon loden pour donner à Sylvie le change du bon copain qui ne fait que passer. Je m'endormais joue contre joue avec Hélène. Le corps de Claire était à mes côtés dans notre lit. L'euphorie où je planais me donnait envie de lui en confier la cause. Même tentation d'Hélène avec son mari ; il nous paraissait absurde de ne pas enrôler nos conjoints dans une aventure aussi... pure. Était-ce parce que je plaignais Claire d'en être exclue ? Mes mains caressaient son épaule et ce corps dont la géographie n'a jamais cessé de m'émouvoir, j'en obtenais la reddition sans que Claire ait paru s'éveiller, mon épouse est discrète en toute circonstance.

« Je serai tout à toi et ça ne saurait tarder. » Sa moue perplexe et fataliste. Les amoureux de Peynet allaient devenir des amants, c'était chose dite. Elle avait dû prendre sur elle pour décréter sa capitulation ; moi, je n'aurais pas eu l'audace. Jusqu'alors, l'aimantation qui nous précipitait l'un vers l'autre associait sensualité et religiosité dans un halo de tendresse enfantine. Le corps d'Hélène était sanctuarisé, je n'avais jamais imaginé son effeuillage. Celui de Fanny se déhanchait derrière son comptoir en écoutant de la musique d'ambiance : érotisme spontané, contrepoint malicieux de notre chasteté.

Désormais Hélène serait mon amante. Ça risquait de nous emprisonner dans les camps des adultes. Que ses mots aient annoncé la chose me procurait une joie mêlée d'appréhension, je n'étais pas pressé. Amant, c'est un statut à l'aune d'autrui. J'avais peur que la délicatesse parfumée du mot ne se dilue dans la mélasse du vocabulaire convenu, liaison, maîtresse. Adulte et adultère, ça rime. Je n'avais jamais été un adulte, je l'étais moins que jamais : pas question de devenir adultérin en me donnant corps et âme à la seule aventure qui vaille. « Je serai tout à toi » : ce don de soi m'allégeait d'un poids mort, l'amour impossible de Bénédicte, mais il faudrait le protéger comme un nouveau-né.

La maison passerait inaperçue à Blois. Elle a le charme d'un recoin de province avec sa cour pavée en retrait de la rue Chaptal. J'ignorais son existence. George Sand y a vécu, c'est son titre de gloire, on en a fait un musée de la Vie romantique.

Hélène avait décidé que nous y échangerions notre premier baiser. « Tu seras indulgent, chéri, je suis débutante. » Elle connaissait ce musée. Elle connaît tous les musées de Paris, elle ne manquait pas une expo, c'était son mode d'évasion. Nous en avons visité plusieurs ensemble, j'aimais voir son visage transfiguré par l'admiration devant une œuvre, comme un enfant découvrant les jouets sous le sapin le matin de Noël. Elle me disait ses émotions avec des mots simples, elle ne se prend pas pour une intello. Elle m'a fait découvrir Soutine, le plus touchant des modernes avec ses personnages à la fois déchus et pleins de noblesse, ses maisons de guingois qu'on dirait chahutées par un vent de géhenne. « C'est moi avant de te connaître », murmurait-elle, et son visage se tournait vers le mien, son parfum et son sourire me chaviraient de bonheur.

Pour fermer mon cabinet et monter à Paris sans que Claire me suive, il fallait un alibi. Je n'en avais jamais usé, mes rares fredaines ayant été circonscrites dans le périmètre de ma clientèle, et grappillées à domicile entre deux visites. Je me suis souvenu que Bloch, un de mes bons copains au Kremlin-Bicêtre où il préparait l'internat, est devenu un ponte en pneumo à Cochin. Comme tous les gros fumeurs, je crache mes poumons, et en vieillissant ça tourne à la bronchite chronique, en attendant pire. J'ai prétexté une gêne respiratoire et Claire a trouvé naturel que j'appelle Bloch pour fixer un rendez-vous. Le coup de la consultation auprès d'un spécialiste pourrait resservir avec mon hypertension et mon arthrose, les avanies de l'âge ont du bon. Mentir allait être notre lot quotidien, j'en débutais l'apprentissage avec une joie gourmande d'écolier buissonnier.

C'était un vendredi. J'ai pris le train à Onzain par crainte des encombrements à l'entrée de Paris. Il s'arrête à toutes les gares jusqu'à Orléans mais je n'étais pas pressé, le temps nous appartenait, il s'ouvrait sur une présomption d'éternité. Hélène était à Paris depuis la veille, elle dormait chez sa fille qui venait d'emménager près de l'église Américaine.

Je me revois dans la cour de ce musée, attendant Hélène. Elle est toujours en retard. Il faisait froid, je m'abstenais de fumer et suçais des pastilles de réglisse pour n'avoir pas mauvaise haleine. Car nos lèvres s'ouvriraient. Baiser rêvé et à présent redouté. Où précisément allions-nous l'échanger, dehors, dedans ? Et comment ? Mes mains sur ses hanches, les siennes autour de mon cou ? Corps rivés l'un à l'autre ou seulement les lèvres ? Je retrouvais, intactes, mes appréhensions de lycéen pas dégourdi quand Bénédicte posait ses lèvres rose pâle sur les miennes en me disant : « N'aie pas peur, petit cousin, c'est juste un baiser. »

Hélène n'arrivait pas. Je déflorais notre baiser en imaginant des scénographies brèves ou moins brèves, mes mains tantôt immobiles, tantôt voyageuses autour des hanches. Ça dépendrait aussi de sa tenue. En tout cas, il faudrait s'en tenir à une assez stricte décence, des visiteurs se succédaient derrière la caisse et il y avait sûrement des surveillants et des caméras embusqués dans toutes les pièces.

Hélène se faisait attendre. Son portable ne répondait pas. J'ai fini par allumer une cigarette, tant pis pour l'haleine. L'heure du rendez-vous était passée depuis quarante minutes. Si elle ne pouvait pas venir, elle m'aurait appelé. À moins qu'elle n'ait oublié son portable, ça lui arrivait souvent.

Du temps s'est encore écoulé. Temps hostile. Il avait fait du goutte-à-goutte ; à présent il courait trop vite, chaque minute rendait plus probable la pose d'un lapin. Le baiser lui aura fait peur, elle s'est abusée en se dorant une fausse pilule, son bovarysme a renâclé devant l'obstacle des bienséances. Mieux aurait valu nous en tenir à « l'amitié extrême ». C'était elle pourtant qui avait décrété qu'il y aurait ce baiser et sa suite. « Je serai à toi. » Elle s'est laissé rattraper par les mots des adultes, maîtresse, tromperie, coucherie.

Autant m'enfuir, elle ne viendra plus. Déjà j'étais sorti dans la rue. Un taxi s'y est engagé, j'allais le héler. Il s'est arrêté devant le musée. Hélène tout en vert, pantalon, col roulé, manteau, écharpe de grosse laine. « Pardonne-moi, chéri, j'ai oublié mon portable chez Laure et il y a des manifs partout. On y va ? J'ai réfléchi, ce sera à l'étage, devant un portrait de George Sand. »

Nous avons attendu qu'un groupe de visiteurs ait quitté la pièce. J'avais oublié les scénarios conçus dans le train, remaniés dans l'attente. Elle a ouvert ses bras comme elle faisait dans l'arrière-salle de la galerie, je m'y suis blotti. Lèvres ouvertes, yeux fermés, baiser d'amants, long baiser gourmand. Nos mains n'ont pas bougé mais le genou d'Hélène s'est autorisé un écart et, si léger fut-il, j'ai su à cet instant que son corps avait pris le parti de s'abandonner.

Nous avons récidivé dans le taxi qui me ramenait à Austerlitz – un baiser émietté en becquées d'oisillons. Hélène au creux de mon épaule, visage renversé, muette et docile lorsque mes mains à bout de patience ont effleuré son buste comme une brise émeut les feuilles d'un arbre sans faire bouger les branches.

Pluie et brouillard. Soirée en solitaire, Claire est rentrée tard d'une réunion à Blois. J'ai relu le début de *Béatrix*, l'amour fou déplacé de l'une à l'autre femme, instantanément. La brune puis la blonde. Moi, c'est plus compliqué, Bénédicte en fil d'Ariane, Claire sur un autre fil que je ne sais pas nommer, Hélène les dénouant pour une apothéose qui menace d'être un chant du cygne. Elle a eu raison de Bénédicte, ma cousine ne m'inspire plus qu'une tendresse allégée des regrets, une nostalgie floutée de feu notre jeunesse. Reste Claire. Avant de monter dans notre chambre elle a déposé un baiser sur mes lèvres. À peine un baiser mais il ressemblait à ceux d'Hélène, au début, et je vais vite refermer et planquer ce cahier dans mon cartable pour aller la rejoindre avant qu'elle se soit endormie, j'ai besoin de la prendre dans mes bras. Besoin n'est pas le mot. Envie non plus. Nécessité plutôt de l'accrocher à notre train d'amoureux avant qu'il déraille. Hélène comprendrait cela. Claire, je ne sais pas. Peut-être ferait-elle semblant. Peut-être a-t-elle toujours fait semblant.

Hélène avait trouvé sur Internet l'hôtel dans la rue des Écoles, non loin de la rue Corneille où je gîtais quand j'étais étudiant. Alibi foireux : une réunion de généralistes organisée par un labo qui le soir traiterait ses invités sur une péniche. Je n'assiste jamais aux congrès professionnels et ne lis jamais les revues médicales ; en quoi je suis un bon disciple de mon beau-père, il a toujours prescrit les mêmes médicaments et ses patients ne s'en sont pas trouvés plus mal. Claire pouvait se demander pourquoi j'avais accepté cette invitation. J'ai invoqué des copains installés en province, que j'aurais plaisir à revoir, et proposé à Claire de m'accompagner, sans grand risque car elle déteste autant que moi ce genre de raouts.

Omnibus à Onzain, lever de soleil sur la Beauce. Gares de Blois, de Mer, de Beaugency, de Meung entraperçues dans un demi-sommeil. Changement de train à Orléans. Encore la Beauce, puis après Étampes des banlieues informes. Austerlitz. Taxi longeant les quais, bagage à l'hôtel. Dans cette chambre banale qui donne sur la rue, à même ce lit non moins banal, nos corps allaient pour la première fois apprendre à se connaître. Nous avions envisagé une célébration dans un décor plus romanesque mais son attente était devenue insoutenable. « Tu seras indulgent, je suis… enfin j'ai peur d'être godiche. » Moi, j'avais peur de lui infliger une anatomie défraîchie. La sienne, je n'y pensais pas, ce serait la nudité d'Hélène, un condensé de tous les nus de l'histoire de l'art depuis Phidias jusqu'à Renoir, une abstraction ou presque.

Plus l'échéance approchait, plus je m'étais astreint à la sobriété. Une soupe le soir, des pompes et des abdos chaque matin, sauna le samedi dans le centre sportif où j'avais pris un abonnement sur les conseils de mon ostéopathe. J'étais allé chez le coiffeur et pour une fois j'avais pris le temps de choisir ma tenue. Costard et polo clair, mocassins. Ongles limés, pour la douceur des caresses.

Douché, rasé, parfumé (« Eau Sauvage » de Dior, le choix de Claire), j'ai marché pour tuer le temps qui me séparait d'Hélène. Mutualité, place Maubert où je suis entré dans une pharmacie avec une ordonnance que j'avais rédigée dans le train.

J'ai évité le regard de la jeune employée qui m'a donné la boîte de Cyalis. La Seine au pont de la Tournelle, le quai de Béthune, le square au bout de l'île Saint-Louis. Dans ce square qui s'achève en proue de bateau et où trône une stèle à la mémoire de Barye, Bénédicte m'avait laissé l'embrasser. Je revoyais sa moue, la même qu'Hélène. Je revoyais la blonde et adorable souveraine de mes étés d'enfant, ma rieuse, insoucieuse, capricieuse, et joueuse cousine. « Tu fais ça plutôt bien, petit cousin. » Je faisais ça comme on porte ses lèvres sur une coupe remplie d'un élixir magique. Nous passions les bornes de l'impudeur, mes mains s'égaraient sous sa robe de gitane, les siennes me griffaient la nuque. « Tu veux vraiment ? » J'ai dit oui. J'ai toujours dit oui à Bénédicte. « Suis-moi. » Je l'aurais suivie jusqu'au septième cercle de l'enfer. Nous sommes allés dans le deux pièces dont ma tante Jacqueline avait hérité, rue de Brissac, derrière la bibliothèque de l'Arsenal. Bénédicte s'y était posée comme une mouette sous un rocher, poursuivant sans appétence aucune des études improbables et changeantes, un peu lettres, un peu psycho, un peu socio, des disciplines vagues qui ne mènent à rien.

Elle s'est donnée à moi sur un canapé de cuir beige, sans cesser de me regarder droit dans les yeux et de me sourire. Prêtée plutôt que donnée, avec une tendresse maternelle. Elle a toujours su que je l'aimais, elle m'a toujours préféré à ses amants, à ses maris, elle a toujours regretté de n'avoir pu être amoureuse de moi.

C'était il y a longtemps, je préparais le CPEM. « Rhabille-toi vite, petit cousin, mon fiancé va se pointer. Au fait, j'ai oublié de te dire, je me marie cet été à Charolles. Tu seras mon témoin. » Elle s'est mariée en robe blanche, dans l'église de Charolles, et j'ai été son témoin. Trois maris, autant de divorces, quatre enfants, des amants à la pelle : immaturité à perpète. Elle vit à Biarritz, seule, je l'ai parfois au téléphone. « Je suis vieille comme un banc, petit cousin. » Un silence, un soupir. « Tu te rappelles, rue de Brissac ? Au fond, c'est toi que j'aurais dû épouser. Non, je dis une bêtise. Tu méritais mieux que moi. Claire est parfaite, je l'adore. Bof, quelle importance ! » La morale de Bénédicte, son art de vivre à côté de son ombre tiennent en deux mots, suivis d'un énorme point d'exclamation : quelle importance !

C'est dans ce même square que j'avais donné rendez-vous à Hélène. Je l'ai vue descendre d'un autobus, pousser le portillon en me cherchant du regard. Jupe courte noire, tee-shirt noir, veste noire, collants noirs, escarpins noirs. Tout en noir mon amante à venir. Jamais je ne l'avais vue marcher avec cette détermination de fantassin qui monte à l'assaut. Son sourire effaçait celui de Bénédicte tout en lui répondant mystérieusement. Passation de pouvoirs : un baiser d'Hélène, un très long baiser contre le parapet, avec vue sur le pont d'Austerlitz. Après quoi, nous avons marché jusqu'à l'hôtel, lentement, main dans la main. Procession à deux sacristains. « J'ai un peu peur. Et toi ? » J'ai préféré ne pas lui répondre. Bien sûr que j'avais peur. Nudités dans le noir, sa peur, la mienne. Nudités inexpertes, la sienne douce au toucher comme un abricot peint par Chardin. Nudités silencieuses, pures de scories, oublieuses des corps – je n'avais jamais éprouvé cela. Sa voix cassée, toujours dans le noir « Tu n'es pas déçu ? ». Émerveillement rétrospectif au Marco Polo, le restaurant italien de la rue de Condé. « Je n'aurai plus peur. On recommence quand ? »

On a recommencé l'après-midi. C'est alors que je me suis approprié le corps d'Hélène, lentement, minutieusement, religieusement, mains et lèvres ordonnant un ballet scandé par une sonate de Scarlatti, ma préférée, celle qui fait dévaler en cascade l'eau vive d'un torrent dans une verdure luxuriante.

Pendant la journée, j'appelais Hélène entre deux patients dans mon cabinet. Je l'appelais au bord d'une route les après-midi, pendant mes visites. Fausses perms entre deux astreintes, comme à Libourne quand je feintais les cours pendant mon service militaire pour aller lire *Les Fiancés* de Manzoni dans ma piaule. Dix fois, vingt fois, et le reste du temps j'attendais ses appels. Si nos portables étaient fermés, ça voulait dire que nous ne pouvions pas – moi en cours de consultation, elle à cause de Sylvie. Il ne fallait pas que Sylvie sache. Personne ne devait savoir, nous connaissions trop de monde à Blois et autour. Le bonheur à huis clos est une ascèse, on est toujours tenté de le faire miroiter à la face d'autrui. J'ai failli me confier à Bénédicte, je l'ai même appelée un soir à cette intention. « Je m'ennuie, petit cousin, la vie me file entre les doigts. Bof, quelle importance ! Tu es heureux, j'espère ? » Pris de court, je lui ai répondu que le bonheur, ça ne voulait rien dire. « Tu as raison. Enfin, presque raison. Embrasse Claire. Tu as passé l'âge de la tromper. Si ça t'arrive, sois discret, elle ne mérite pas d'être bafouée. »

Je ne voulais pas tromper Claire. Nous ne voulions pas être salis par les sous-entendus affriolants ou ricanants qui font escorte aux couples illégitimes. Hélène surtout, le mot cocu lui répugnait, la culpabilité n'était jamais loin. Mon naturel ne m'y prédispose pas, je ne me sentais coupable de rien, j'avais toujours maudit ce « devoir » qui dans les romans condamne mes héroïnes au malheur, toujours frémi de joie quand elles s'en affranchissent. Toujours, j'ai pris le parti de l'amante contre le mari. Ma jalousie ne s'était pas déclarée, mais un instinct me dictait de ne jamais aborder avec Hélène ce qui aurait pu l'éveiller – sa vie avant moi, ses sentiments pour son mari, son éventuel passé amoureux. Malheureusement elle n'avait pas toujours le réflexe de tirer le rideau sur ses souvenirs, et je commençais à penser que ce mari était de trop.

Aux obsèques d'un médecin de Blois nous nous sommes rencontrés un matin sur le parvis de la cathédrale Saint-Louis, avec nos conjoints respectifs. Hélène et Claire sont entrées ensemble et se sont assises côte à côte. Franck et moi nous étions attardés dehors pour saluer un groupe d'amis, il n'y avait plus de chaises libres, nous sommes restés debout derrière un pilier. Penchées l'une vers l'autre, les deux femmes de ma vie lisaient avec la même application les prières dans le même fascicule, sous ces voûtes où Claire et moi avions convolé avec la pompe exigible. Je me revoyais dans le chœur, à la place du catafalque, engoncé dans mon habit, aux côtés d'une belle femme aussi naturelle dans ses atours d'épousée que les nuits précédentes nue sous un drap de lit. Les mêmes orgues avaient solennisé la grand-messe. Je revoyais Bénédicte éblouissante dans une robe rouge et un chapeau à large rebord. Elle était mon témoin, j'avais été le sien à Charolles. C'était poignant de la savoir dans mon dos à l'instant de l'échange des alliances. Poignant, quand elle était venue m'embrasser pour me féliciter : « Sois heureux, petit cousin. » Elle venait de divorcer et au banquet a exécuté son ex à l'arme lourde : « Un radin sans humour et aussi sensuel qu'un sac de patates, ce n'était pas supportable. » Elle avait trouvé Claire « irrésistible » et réciproquement, ce qui n'était pas joué d'avance, elles sont comme l'eau et le feu.

En observant le profil du visage de Claire, il m'a semblé qu'elle n'avait pas tellement changé, aux rides près. Par moments, elle échangeait un sourire avec Hélène ; j'étais tellement ému, tellement heureux qu'à la sortie j'ai trouvé Franck carrément sympathique. L'après-midi, Hélène m'a appelé. « Claire est trop… je ne trouve pas le mot. Trop parfaite. Chéri, il ne faut pas qu'elle sache. Jamais. Ce serait pire qu'un crime. »

Laure était présente à ce dîner qui fut paradisiaque avant de nous ouvrir les portes de l'enfer, sans transition. Laure en pantalon de cuir rouge à taille basse, montée sur talons hauts, chemisier blanc subtilement déboutonné. Je ne l'ai jamais revue depuis. Elle érotisait pour le compte de sa mère. Hélène était à ravir : tailleur gris cendré, chemisier blanc mais pas décolleté, perle noire en pendentif sur une chaîne en or. « Tu verras, chéri, je serai déguisée en dame convenable pour te plaire. »

Dîner de province. Hélène avait invité les Lacroix, sachant qu'ils sont pour nous de vrais amis, les Gros et Duquesne, l'avocat le plus couru de Blois, associé à un ponte du barreau parisien, Lombard me semble-t-il. Haute taille, volumineux, tonitruant mais plutôt brave type avec sa tête de labrador. Comme Gilbert Gros, le mari de Sylvie, qui a fait fortune dans l'immobilier. Couple tardif, sans enfant, Gilbert en a trois d'un premier mariage. Il est chauve comme un lampadaire, rubicond, transpirant, rigolard : cocu de carnaval mais requin en affaires. Sylvie noie sa névrose dans l'alcool et se fait régulièrement piéger par des cultureux qui vivent à ses crochets ; on la répute nympho. Elle a beau avoir travaillé dans une galerie de l'avenue Matignon, et acquis une vraie compétence en matière d'art moderne et contemporain, elle en rajoute, on subodore le double complexe social et provincial. Ironie désemparée. Sous le masque d'un snobisme d'envergure locale, c'est une paumée qui traîne son mal de vivre. Il y avait un autre couple, le patron du Leclerc et son épouse, lui insipide au possible, elle maigre à l'excès et affligée d'un nez interminable. Pas désagréables, au demeurant. Du reste, rien ni personne ne pouvait me déplaire, j'étais avec Hélène, chez son mari, le bonheur la transfigurait, elle jouait pour moi à la maîtresse de maison, il fallait juste éviter que nos regards ne se croisent.

Dîner arrosé. Franck décrivait ses vins – acacia, cuir, réglisse, fruits confits – avec une cuistrerie qui n'échappait pas à Claire, j'ai appris à lire dans ses yeux une ironie insoupçonnable pour les autres. Il y a entre nous cette connivence, elle pimente secrètement nos sociabilités. Franck a créé à Blois un club d'œnologues et s'enorgueillit de sa cave. « Température constante 13 °C », ça va avec la Jaguar, le 4 × 4 Audi A8, le golf à Cheverny, le piano à queue, les chemises à son chiffre. J'en oublie. Comme tous les riches de fraîche date, il voudrait qu'une distinction couronne sa réussite. C'est pourquoi il fait sa cour à Claire. « Le pauvre, m'a-t-elle dit au retour, il ne sait pas que les bourgeois comme il les imagine, ça n'existe plus. En tout cas plus à Blois. »

Hélène m'avait demandé où je désirais être placé. À côté d'elle. Par prudence, elle a évité de me parler, mais son pied a frôlé le mien, puis s'est posé dessus et même l'a croisé de sorte que, jusqu'à la fin du repas, nos chevilles n'ont cessé de se lutiner. Les pieds sous la table : un classique du théâtre de boulevard, mais pour moi un rôle inédit car j'étais acteur et non plus figurant. Il fallait résister à la tentation de trop avancer mon genou vers celui d'Hélène. Il fallait endurer clandestinement cette torture délicieuse – elle et moi enchâssés l'un dans l'autre, attentifs exclusivement à la suavité de notre étreinte tout en feignant d'écouter les autres déblatérer sur la classe politique, nationale et locale, les charges, les impôts, l'ISF notamment que Franck feignait de déplorer pour mieux se targuer d'appartenir aux happy few qui y sont assujettis.

Il fallait au moment des adieux embrasser Hélène sur les deux joues, le plus loin possible de ses lèvres, en n'appuyant qu'un seul doigt sur son épaule afin de contresigner sans risque notre pacte d'amoralistes respectueux des convenances. Pacte d'autant plus sublime pour moi qu'Hélène en avait pris l'initiative, malgré la présence de Laure.

J'ai serré la main de Franck devant le portail. Les autres invités étaient déjà partis. Je me suis retourné pour dire merci et à bientôt. Alors j'ai vu, pour notre malheur, la main de Franck se poser sur l'épaule d'Hélène. Machinalement sans doute, mais c'était un geste de propriétaire, il aurait pu aussi bien poser la main sur le capot de sa Jaguar. Je ne pouvais pas le tolérer. Ce dîner serait le dernier. Ce mari serait mon ennemi.

Le temps, ennemi implacable. La jalousie, mauvaise compagne. Toujours l'amour, mais avec des orages. Mon cœur battait des chamades de plus en plus saccadées entre ses « je t'aime » hâtifs, ses « je dois raccrocher » fébriles, ses « je te rappelle » excédés. Toujours l'amour, nos entremêlements sur la banquette de son cabriolet et nos fugues à Paris, moi prenant le train à la gare d'Onzain et descendant à celle de Mer où Hélène m'attendait avec sa voiture. Il fallait éviter Blois. L'autoroute jusqu'à la porte d'Orléans, sa main droite venant musarder sur ma nuque ou mon genou. La voix des chanteurs américains de notre adolescence ;

les mêmes que Bénédicte écoutait sur son tourne-disque dans sa chambre à Palinges. « Danse avec moi, petit cousin. » Elle ouvrait ses bras, son corps se collait au mien, les Platters chantaient « Only You » : j'étais aux anges, tristement aux anges, car à Oxygène, une boîte près de Marcigny où elle me traînait, tous les garçons avaient droit à la même faveur, elle les allumait, ça l'amusait, ça me désolait.

Toujours l'amour et le bonheur fou d'avoir échappé à la meute – mais un besoin imbécile de dévaluer Franck. Je maquillais en humour anodin une acrimonie qui suintait en sarcasmes sur ses goûts de parvenu, les lieux communs qu'il débitait, l'étalage de son fric. Je dilatais l'écart, le grand écart entre notre monde enchanté et l'univers dans lequel Franck avait fourvoyé Hélène.

Elle encaissait. « Chéri, tu as raison. Oublie-le, ce n'est plus qu'un mari. » Je ne pouvais pas oublier la main de Franck sur l'épaule d'Hélène. Ses yeux étaient parfois ceux d'un gibier traqué. « Je ne pourrai vraiment pas rester. Sylvie se doute de quelque chose. » Je lui suggérais de la mettre dans la confidence, elle nous couvrirait par affection pour Hélène, et pour le plaisir de s'entremettre. « Surtout pas, elle serait jalouse, ses histoires de mecs ont toujours foiré. »

Fanny nous observait depuis son comptoir. « Je dois filer, chéri. Appelle-moi dans une heure. » Hélène traversait la rue, s'engageait sur le pont d'un air faussement dégagé, sans se retourner pour m'adresser un signe de la main comme elle faisait au début. L'obélisque coiffé d'une girouette devenait le symbole douloureux de la disparition d'Hélène ; les toits de la ville, une chape qui l'écrasait ; la galerie, une trappe qui l'emmurait.

Fanny me servait un autre café. Le bar était vide. « Vous pouvez fumer, le patron est rentré chez lui. » Ce patron au visage bouffi, dont le regard éteint faisait peur à Hélène. On le voyait rarement et il ne nous a jamais adressé la parole. Fanny m'avait averti : « Méfiez-vous, il est bête et méchant. » J'allumais une cigarette, c'était encore un acte clandestin. « J'adore votre amoureuse, je la trouve tellement classe. » Fanny me racontait sa vie, par épisodes, une vie de toutes les couleurs et de tous les bistrots, d'abord à Paris puis à Tours dont elle est originaire, puis celui-là depuis longtemps, pour suivre un cuisinier qui avait disparu dans la nature. Elle habitait Coulanges, un village en lisière de ma clientèle, et venait d'être plaquée par un autre mec. « Les hommes, vous savez… enfin il y a des exceptions. » Elle devait me ranger parmi les exceptions. La cinquantaine, un peu plus, un peu moins.

Elle sait que nous sommes mariés et que je suis médecin à Chaumont. Elle est notre seul témoin. Notre seule alliée. Elle appartient viscéralement à cette élite qui toujours prend le parti des insoumis, des résistants, des amoureux. Elle me faisait comprendre par des allusions que nous pouvions compter sur sa discrétion. Hélène, selon les jours, était « votre amoureuse », « votre fiancée », ou « votre chérie ». Un sourire attendri éclairait son visage poupin quand elle la voyait pousser la porte. « Coca light pour Madame, comme d'habitude ? » Elle allait derrière son comptoir en roulant des hanches avec un air d'insouciance blasée, comme si elle en savait trop sur ce qu'on peut attendre de l'existence ; ses tenues ostensiblement provocantes visaient moins à allécher des libidos masculines qu'à revendiquer une dissidence sociale.

Hélène venait de ressortir le jour où, après m'avoir servi mon café, Fanny a vérifié qu'on ne pouvait pas l'entendre des tables voisines. « Voilà… Ça doit être difficile pour vous deux… Je suis seule pour le moment… Si ça vous arrange, je peux vous laisser les clefs de chez moi. » Justement, nous envisagions de louer sous un nom d'emprunt un toit pour abriter nos étreintes ; j'avais repéré une maison de poupée à Veuves, sous la levée, mais c'était trop près de Chaumont, les gens du village me connaissent tous. À Coulanges, je n'ai qu'un patient impotent et débile. Il m'a fallu du temps pour convaincre Hélène. « Elle nous tiendra. » J'étais certain que Fanny nous proposait son logis en toute fraternité d'armes et que nous n'aurions jamais rien à craindre d'elle.

Coulanges est en retrait de la rive droite, à mi-chemin de Blois et de Chaumont ; nous y arrivions par une route différente. L'appartement loué par Fanny occupait le rez-de-chaussée d'une maison basse. Elle avait punaisé des photos d'acteurs. Ou de chanteurs, je ne les connais pas. Un régiment de poupées multicolores montait la garde sur un buffet, à côté d'une photo encadrée, une vieille femme qui ressemblait à Mathilde. Le grand âge venant, elles finissent par se ressembler toutes. J'ouvrais la porte, Hélène traversait la pièce de séjour sans regarder autour d'elle, entrait dans la chambre, fermait les volets. « J'ai l'impression d'être dans une maison de passe. » C'était moi qui demandais la clef à Fanny, d'un hochement de tête très discret, et, quand elle la posait sur le guéridon, Hélène faisait semblant de ne pas la voir.

Tard dans la nuit. Impossible de dormir. Je suis redescendu, j'écris, faute de mieux. Faute d'Hélène. Avec un très mince espoir car en fin d'après-midi mon portable a sonné. Deux coups et puis rien. Numéro masqué. Le sien ne l'est pas, mais celui de leur maison est sur liste rouge. Mon espoir se nourrit de cette incertitude. Il imagine Hélène dans son salon, hésitant devant le fixe, regardant à la fenêtre pour s'assurer que personne n'entre par le portail, finissant par composer mon numéro, raccrochant presque aussitôt.

J'aurais pu la rappeler. J'ai trop peur qu'elle ne se sente harcelée. Peur qu'elle ne préfère en finir. Attendre est mon misérable destin. « Je te rappelle dans cinq minutes. » J'attendais, seconde après seconde. Mon cœur battait, je sentais couler de la sueur entre mes omoplates. Je fixais mon portable, incapable du moindre mouvement, indifférent aux patients assis dans la salle d'attente. Le portable sonnait. Elle. Retour du bonheur. Le patient dont c'était le tour devait s'étonner de trouver son toubib aussi joyeux. « Pardonne-moi, chéri, Franck est repassé et… » Franck ou Sylvie, ou une de ses amies. Je les haïssais tous.

Le pire de l'attente, c'était le dernier appel avant le lendemain. Hélène allait quitter la galerie et monter dans sa voiture garée sur le mail ; je rentrais à pied en longeant le fleuve pour éviter de croiser quelqu'un avec qui j'aurais dû bavarder, je connais tout le monde à Chaumont, depuis le temps. Avant Hélène, je marchais sur le trottoir où s'alignent la mairie puis la pharmacie et les principaux commerces, pour le plaisir de saluer la charcutière, une brune jolie et toujours enjouée. Souvent je poussais jusqu'à L'Hostellerie du château où nous aimons aller dîner quand Claire rentre tard de Bracieux. Je traversais la route, passais devant le garage et regagnais la maison, mains dans les poches, sifflotant un allegro de Scarlatti ou un blues de Memphis Slim. Claire s'affairait dans sa cuisine. Odeurs de ragoût ou de caramel. Baiser sur les lèvres. « Tout s'est bien passé ? » Jamais « chéri », jamais « je t'aime », même au début de notre vie commune, les sentiments de mon épouse ne se payent pas de mots. Avant Hélène, le temps allait son train de sénateur, nous étions en pleine concordance : il était trop tard depuis si longtemps que plus rien ne pressait.

Je prenais toujours l'initiative de cet adieu. Si Hélène me disait : « Je t'aime trop, ce sera dur d'attendre demain », je fredonnais ma joie, j'en prenais à témoin les mouettes qui se posent sur l'île et la tapissent comme s'il avait neigé. Parfois je n'avais droit qu'à un « À demain, je dois rappeler Laure », sans l'adjuvant du « chéri », et ma soirée était ruinée. Parfois Hélène m'avait promis de me rappeler « dès que je pourrai » et j'arrivais à la maison sans que mon portable ait sonné. Alors je revenais vers le cabinet à pas lents. Enfin le portable sonnait. Elle. Retour du bonheur.

Parfois elle ne rappelait pas. À bout de malheur, je composais son numéro. Portable fermé. Il m'était aussi impossible de supporter une soirée et une nuit sans entendre sa voix qu'au petit Marcel de s'endormir à Combray sans le baiser de sa mère. Je composais le numéro du domicile. Sa voix affolée. « Tu es fou, il vient de rentrer. » Je la suppliais de faire sonner trois fois avant de raccrocher, je saurais que c'était elle, ça suffirait à m'apaiser jusqu'au lendemain matin. Surtout pas un mot sur le répondeur, c'est Claire qui prend les messages, chaque soir, et note les numéros pour que je rappelle. Le portable sonnait trois fois, j'entendais les coups, il ne quitte jamais la poche intérieure de ma veste, côté gauche, celui du cœur. Alors je pouvais sourire à Claire, lui demander si elle avait eu Paul ou Pierre au bout du fil, dîner en face d'elle, dans la cuisine, et commenter les péripéties microscopiques de la vie de tous les jours à Chaumont, Loir-et-Cher.

Chronique de ma jalousie : leur voyage à Saint-Barth. Franck lui avait réservé la surprise, pour leur quarantième anniversaire de mariage. Je l'ai suppliée d'y renoncer, j'y voyais une trahison. « Ou j'y vais, ou je le quitte. Chéri, essaie de comprendre. » Je ne pouvais pas comprendre, je la voyais nue sur une plage, avec ce mari qui… Huit jours de bronzage idiot, sur une île de blaireaux friqués, alors qu'ici le temps nous était si cruellement compté.

Elle m'a appelé de là-bas, plusieurs fois par jour. Elle trouvait prétendument le temps long, mais pouvais-je la croire ? Je la soupçonnais de prendre des plaisirs sans moi. L'amour exigeait qu'en mon absence Hélène ne soit qu'âme en peine, jour sans pain, nuit sans lune. Je ne pouvais plus supporter qu'elle distribue au tout-venant sa joie de vivre. L'amour, terre brûlée : elle et moi contre le reste du monde. Le soleil de Saint-Barth qui caressait sa peau : rival haïssable. Les étoiles qu'elle contemplait : rivales odieuses. J'aurais voulu qu'un cyclone détruise l'île de fond en comble. Le deuil d'Hélène eût été moins douloureux que son absence.

Un appel sur le portable dans mon cabinet. C'était Claire. « Tu vas être grand-père, Rosiana attend un enfant. Tu es content ? »

J'ai dû répondre oui à Claire. Quand elle m'a appelé pour m'annoncer la nouvelle, je venais juste de quitter les « chéri, je t'aime » d'Hélène. Grand-père à mon âge, c'est logique. Ça va avec le panier garni que la municipalité nous offre à Noël, depuis… plusieurs années. Ça va avec le mot « senior », avec le club du troisième âge, baptisé « Regain », qui chaque hiver embarque en autocar les vieux de Chaumont pour leur faire visiter le Mont-Saint-Michel, le Futuroscope ou l'ossuaire de Douaumont. C'est l'avant-dernière étape avant la décrépitude finale. Grand-père, alors que la veille, dans le bois de Chassepaille, nous outragions les mœurs avec une fébrilité de novices, moi à bout de souffle à cause du tabac, les mots d'Hélène implorant grâce en vue de ne pas l'obtenir. Hélène qui est sexa comme l'atteste sa carte vermeil.

Je me suis dit qu'elle est deux fois grand-mère et que ça ne change rien.

L'enfant naîtra à l'automne. Claire a d'ores et déjà fomenté un voyage à São Luís, pour le baptême. Pierre nous y rejoindra avec sa nouvelle copine s'il n'en a pas changé d'ici là.

Un fils au Brésil, l'autre en terre d'islam : engeance mondialisée d'un père assigné à résidence dans le Val de Loire, avec en guise d'échappées belles les week-ends à Bracieux ou à Nourray, les vacances de Noël et d'été à Charolles. Un Noël sur deux du vivant de mon beau-père, l'autre à Vendôme chez son frère Léon avec les cousins de Claire qu'elle va souvent voir à Paris, ils ont tous le culte de la famille.

J'aime beaucoup mes fils. Curieusement, nous n'avons pas le sentiment de leur absence. Claire est sur Skype tous les soirs, elle me passe le casque, je vois Paul et Rosiana dans leur belle maison sur une île en face de la ville. Paul en short et torse nu, il fait très chaud à São Luís. Il gagne beaucoup d'argent avec sa start-up de e-commerce sans quitter son ordinateur, et ne s'aventure hors de son île que pour nous retrouver à Chaumont ou à Charolles. Pierre, c'est plus mouvementé, il s'occupe de réfugiés pour le compte d'une institution sise à Bruxelles mais qui dépend des Nations unies. Mali, Libye, Irak, Syrie : il campe dans les endroits où l'Histoire se déchaîne. Sa mère vit dans la crainte qu'il ne se fasse occire ou prendre en otage, là-bas ils ne font pas dans la dentelle. À tort ou à raison, je n'ai pas peur pour Pierre, une grâce le protège ; il y a dans son insouciance quelque chose de Bénédicte. Claire nous a abonnés à des revues diplomatiques, pour essayer de comprendre ces guerres de clans et de religion. Pierre lui envoie des textos pour la rassurer. « Tout va bien, maman, temps superbe dans le Kurdistan irakien. » Par les textos de mes fils à leur mère je suis informé, en temps presque réel, de la nouvelle copine de Pierre, du nouveau business de Paul.

Ils ont de l'affection pour ce père tellement désuet qu'il faut lui traduire les mots de leur langue, cool, teuf, selfie, geek, trop, meuf, zen, top, grave, space, fun… C'est Claire qui fait le lien, je ne sais pas me servir de l'ordinateur. Ni même de l'objet rectangulaire avec lequel on allume la télé. Avant Hélène, il m'arrivait de m'asseoir sur le canapé du salon à côté de Claire et de regarder un épisode d'une série qui nous faisait rire, *Fais pas ci, fais pas ça.* C'est la vie croisée de deux couples contemporains avec leurs enfants. À certains moments, je croyais revoir Pierre et surtout Paul durant leur adolescence. Ça ne me fait plus rire, les personnages ont vieilli, les enfants ressemblent trop à Laure.

Envie d'aller dans notre brasserie. Peur de voir Fanny, elle me demandera pourquoi Hélène ne me rejoint plus. Envie et peur que Fanny ne me console. Un matin, je sortais de chez mon patient infirme et gâteux de Coulanges. Mon beau-père le soignait déjà, je l'ai connu vif de corps et d'esprit. Il est mort depuis. Ils finissent toujours par mourir. J'ai croisé Fanny sur la route de Seillac en contrebas de l'église. « Quel hasard ! Venez prendre un café. » Je n'ai pas osé refuser. Elle m'a montré la photo de la vieille femme qui ressemble à Mathilde. « Ma grand-mère. C'est elle qui m'a élevée. Café léger avec faux sucre, depuis le temps, je connais vos habitudes. »

Ce jour-là, ses cheveux étaient teints en mauve, ses ongles en vert fluo. J'ai fumé une cigarette, je lui ai demandé bêtement si elle était heureuse. Elle a haussé les épaules.

« Heureuse, je ne sais pas. »

Elle croisait et décroisait les jambes en m'expliquant qu'elle aurait aimé avoir des enfants, mais n'avait jamais trouvé le père *ad hoc*. « Maintenant, je suis trop vieille. » Sa robe bleu nuit était concise. Je me suis levé, j'allais prendre congé. Elle s'était aperçue qu'elle me troublait.

« Vous avez envie ? »

Son sourire n'était pas celui d'une allumeuse. Encore moins d'une nympho. Dans mon métier, on apprend vite à faire le tri. Fanny prenait acte d'une appétence, avec la simplicité, le naturel de ces grandes dames du demi-siècle de Louis XIII qui prêtaient leurs corps sans en faire un cinoche.

« Venez dans ma chambre. Ça restera entre nous. »

Je l'ai suivie. Nous avons « fait l'amour », formule inepte car soit l'amour est déjà « fait » quand les corps s'en mêlent, soit ils se soumettent en état d'urgence et de transe à l'injonction d'une divinité folle, experte en sorcellerie – et alors ce n'est pas l'amour. Et surtout pas le « plaisir », autre mot mensonger. Où est le plaisir dans cette fatalité d'ordre sacrificiel qui érige le paroxysme en absolu ? L'appel impérieux auquel on a obéi peut se comparer à celui qui dicte de larguer les amarres d'une existence pour se faire vagabond ou moine-soldat.

Faute d'un mot qui n'existe pas, on appelle cela le « désir ».

Étalée sur une couverture multicolore, livrée comme une esclave de harem parce que c'est la règle de ce jeu terrifiant, Fanny s'intronisait en toute humilité dans une confrérie à deux êtres, Hélène et moi. Les offrandes de Fanny et d'Hélène n'en faisaient qu'une et je suis sûr que Fanny le savait, moins par expérience que par divination.

Une seule fois, et c'était avant qu'Hélène consente à venir dans cette chambre. Aucune allusion de Fanny, même quand nous étions seuls dans le bar. Rien, sinon une phrase lâchée à voix basse, quelques semaines plus tard. « Vous ne pourrez plus venir, je suis avec quelqu'un.

— Quelqu'un de bien ?

— J'espère… On ne peut jamais savoir. »

Matin de givre et de soleil. Des aigrettes virevoltent autour de l'île, ça me désole de voir le bonheur de si près et de le savoir hors d'atteinte. Il y a du printemps dans l'air acidulé. Je ne veux pas, je ne peux pas imaginer ce cauchemar : les jonquilles et les stellaires sur la pelouse, les taches blanches des prunus dans les haies – et moi sans Hélène. Dieu n'a pas le droit de me faire ça. Le printemps faisait bourgeonner les marronniers lorsque, main dans la main, nous sommes entrés dans cet hôtel de la rue des Écoles. Il coloriait déjà de mauve le lilas du jardin le jour où Hélène m'a donné sa photo de première communiante derrière le mur du cimetière de Mesland. Sa mère s'est demandé pourquoi il fallait qu'elle la poste en recommandé. Hélène m'a promis d'en ramener d'autres de Cahors, je veux être avec elle à tous ses âges. J'ai caché la photo dans ce bureau, sous une pile de dossiers ; depuis notre séparation, je la regarde tous les jours. Aube blanche, voile blanc. Sourire appliqué, mais les yeux regardent on ne sait quoi.

« Comment vas-tu ? Ça fait un bail. Il faudra que vous reveniez dîner à la maison. Hélène m'a dit, tu vas être grand-père ! »

Franck est toujours jovial, on ne peut pas lui enlever ça. Jovial, cordial. Je ne l'avais pas revu depuis le dîner maudit, avec sa main sur l'épaule d'Hélène. Je comptais bien ne jamais le revoir. Depuis leur retour de Saint-Barth, ma jalousie le noircissait, je devenais le sociologue haineux d'un monde insane qui méritait de sombrer dans le chaos. Le sien. Le leur. Jusqu'alors je l'observais en voyeur amusé, il ne m'inspirait aucune aigreur. Les enfants jouent à la course au trésor, les adultes à la course aux honneurs et ça n'aura jamais de cesse. J'étais étranger à cette société mais sans doute l'aurais-je été tout autant à celle de Balzac ou de Proust. Apatride plutôt qu'étranger. Je ne connaissais pas la jalousie. Ou plutôt Bénédicte m'en avait donné un léger avant-goût. Elle s'était éteinte faute de combustible, Claire est insoupçonnable. Soudain, son venin agitait en moi les remugles d'un anarchisme à la fois sincère et bidon pour convaincre Hélène que les réflexes, les goûts, les idées, les ambitions de son mari étaient de bas étage.

Nous étions dans le sauna du Centre sportif. J'y allais les samedis matin, aux fins illusoires d'affiner mon anatomie. À poil, elle souffre de la comparaison avec celle de Franck. Il est plus grand que moi, mieux carrossé, moins enrobé, moins pâlichon. Il avait dû bronzer à Saint-Barth. La sueur qui perlait son visage et son torse en accentuait l'indéniable virilité. Beau mec. J'ai serré les dents en pensant que ce corps, dans leur chambre… Il fallait être aimable pour éviter que ne naisse un soupçon.

« Hélène ne jure que par toi.

— Parce qu'on a les mêmes goûts en peinture. Je me suis découvert cette passion. Au fait, elle va bien ?

— Toujours ses migraines et ses maux de ventre. Elle vieillit, comme nous tous. »

Elle vieillit peut-être, ai-je pensé avec une délectation de fin gourmet, mais pas plus tard qu'hier après-midi, pliée, écartelée sur la banquette arrière de son cabriolet, infiniment plus nue que nous ne l'étions dans ce sauna, elle avait oublié ses migraines et le reste.

Il m'a demandé des nouvelles de Claire. « Elle vieillit », ai-je répondu. « À propos de vieillissement, j'organise un salon des seniors à la porte de Versailles. Le premier en France. Le ministre des Affaires sociales l'inaugure samedi prochain. Jean-François Duroc, un ami. Tu veux venir ? » J'ai décliné l'invitation. Il m'a soutiré la promesse d'un dîner chez Assa, le restaurant à la mode. « Hélène t'appellera pour caler nos agendas. Elle a ton portable ? » J'ai dit que non, il a noté le numéro dans le vestiaire en s'oignant d'une crème. Beau mec, pauvre con.

Les aiguilles du temps tournaient comme une toupie folle. L'espace était un champ à découvert où nous zigzaguions comme des lièvres harcelés par la meute. Retrouvailles hâtives, l'après-midi, entre deux visites. Nous n'avions plus Coulanges et je ne pouvais pas trop forcer sur l'impératif d'une consultation à Paris, j'avais vu un pneumologue, un rhumatologue, un urologue, un gastroentérologue, et chaque fois il fallait trouver un nouvel hôtel autour de la montagne Sainte-Geneviève. Claire devait se demander si je ne lui cachais pas un mal incurable. Je gardais en réserve un ostéopathe de réputation mondiale. En attendant qu'Hélène ait un prétexte pour monter à Paris, il fallait trouver une planque en retrait de la route – un bois, une grange abandonnée. S'il pleuvait, séquences fiévreuses sur la banquette arrière, tronquées quand Hélène portait un jean. Les fermetures Éclair, ça paraît simple à faire glisser quand on est debout. Or nous étions tordus comme des ceps de vigne. Nos contorsions réveillaient mon arthrose. Il ne fallait pas qu'Hélène s'en aperçoive. Il ne fallait pas non plus que j'oublie d'enlever mes lunettes avant de la rejoindre, elles me déguisent en grand-père. Si la météo s'y prêtait, j'adossais Hélène sur le capot, ou l'allongeais sur un lit de feuillages. Nous redoutions qu'un passant ne nous surprenne, l'amour tournait au défi fielleux, j'exultais rageusement au spectacle de ses indécences, j'aurais voulu que Franck y assistât. Qu'il sache. Qu'il expie. Ces paroxysmes de la soumission, de la dépossession, j'aurais voulu être sûr qu'il ne les avait jamais obtenus d'elle.

« Chéri, il faut que j'y aille. » Je tournais le dos pendant qu'elle se rhabillait. « Rappelle-moi après vingt heures, il repassera peut-être mais il a un dîner à Orléans. » Elle disait « il » et non plus Franck, pour ménager ma jalousie. Elle montait dans sa voiture, démarrait en trombe, je la voyais s'éloigner. Deux minutes plus tard, mon portable sonnait. « Chéri, ça va trop vite. Vivement ta retraite. Fais-moi écouter Scarlatti. La sonate où il raconte lentement ce que nous… enfin, tu me comprends. » Scarlatti la ramenait dans mes bras, il avait tout ressenti, à deux siècles de distance, ça relevait de la magie.

Visite à Mesland – un chômeur au long cours qui vit seul sur la place de l'église et présente des syndromes dépressifs. « Je veux mourir », répétait-il d'une voix caverneuse. Envie de lui répondre : « Mourez donc ! » La dépression, maladie d'époque. Impossible de faire la part de la sincérité et de la rouerie, ils se mentent à eux-mêmes. De guerre lasse, je les envoie chez Bourdelle, le neuropsy. Ils lui parlent, ça les soulage mais la plupart remettent ça, on dirait qu'ils ont besoin de leur déprime. J'ai renouvelé sa ration de Lexomil et en le quittant j'ai poussé jusqu'au cimetière. Plus exactement : les cimetières, il y a l'ancien avec sa forêt de croix et le nouveau avec ses stèles en plan incliné. Nous nous embrassions derrière le mur avant de nous hasarder dans le bois, je nous revoyais, statue figée dans l'immobilité, plus de moi ni de toi comme *Le Baiser* de Brancusi. Ce cimetière sans Hélène, c'était la mort sans la promesse d'une résurrection.

Puis j'ai longé le vignoble sous un ciel limpide, et poursuivi machinalement mes visites. Routine, routine : mon cartable, le stéthoscope, le tensiomètre, le pouls, l'otoscope. Cinq minutes d'exercice du métier de médecin, un quart d'heure pour remplir les papiers. Les chiens me reconnaissent, je suis content de les revoir. Comme Pierre, j'ai de la sympathie pour les animaux ; avec eux, tout est plus simple. Plus vrai. Toujours cette gêne, malgré l'habitude, avec les vieux qui me laissent remplir le chèque. Trente-trois euros. Ils signent. Surcroît de gêne quand je dois chercher le chéquier dans le tiroir du buffet. Routine, routine : la télé toujours allumée, des jeux idiots, des chanteurs, des animateurs, tronches de clowns aux sourires caoutchouteux. Toujours des photos de famille, un mariage, des enfants. Presque partout des meubles Ikea. Souvent des diplômes encadrés, le Mérite agricole, la médaille départementale et communale. Souvent aussi des vues de l'aiguille d'Étretat ou de la Baie des Anges, et immanquablement un château de la Loire, ou plusieurs, surtout Chenonceau avec le Cher coulant sous ses arches, c'est du romantisme inusable.

Souvent aussi le fils, la fille, le neveu m'attirent dans une pièce voisine pour me confier à voix basse que le vieux devient intenable et qu'il serait temps d'envisager une évacuation. Je leur dis le prix d'une journée aux « Bois blancs », ça les pousse à chercher une autre solution.

Avant Hélène, je bavardais, j'aimais bien écouter mes patients me raconter leur vie d'adulte, la mienne était si plane, je m'appropriais un peu de leurs bonheurs, de leurs malheurs, en gros toujours les mêmes, argent, maladie, solitude, amour-haine des siens, haine sans amour des autres. Avant Hélène, j'inclinais à penser qu'avoir la santé, de quoi vivre sans trop ramer en fin de mois et un conjoint de bonne humeur, c'était cela le bonheur. Enfin, le presque bonheur. Le mien avec Claire, à cette réserve près que nous prenons de l'âge et que je connais l'épilogue.

Routine, routine : retour à Chaumont pour les consultations. C'est l'heure où, si le vent a chassé les nuages, le soleil trace sur le fleuve une bande orange à la verticale. Avant Hélène, il m'importait peu que la salle d'attente soit pleine, Claire m'attendrait pour dîner. Hélène avait dit vingt heures. J'expédiais les derniers patients et je l'appelais. Portable occupé ou fermé. Occupé par qui ? Pourquoi fermé ? J'attendais cinq minutes. Elles étaient longues. Enfin la voix d'Hélène. « Il vient juste de partir. Chéri, parle-moi d'Oriane. Elle devait être plus belle que moi. » Je relisais *La Recherche* chaque soir, et j'en arrivais à la fin, quand s'effondre la fantasmagorie avec la Verdurin princesse, autant dire l'assomption des parvenus, et forcément je pensais à Franck. Je lui disais que la magie Guermantes venait de mon enfance – le château de Digoine à Palinges serti dans un grand parc, où j'allais rêver en solitaire du vivant de ma tante Jacqueline. Je lui disais qu'Oriane était, entre autres amoureuses de fiction, une Hélène en latence, comme Gilberte à Tansonville, Albertine à Balbec. Comme Lucile à Combourg, Mme de Mortsauf à Saché. Comme toutes mes belles impossédées. Elle voulait lire tous les romans dans lesquels j'ai aimé me perdre, elle avait terminé *La Femme de trente ans*, elle commençait *Belle du Seigneur*.

Vingt et une heures. Pour une fois, c'était moi qui devais raccrocher. Dernier « je t'aime » avant le lendemain matin. Claire avait São Luís sur Skype. Le ventre de Rosiana proéminait. Belle femme, épouse très amoureuse. Paul l'a rencontrée à Lisbonne où il faisait son année d'Erasmus après sa licence à la fac de Tours. Elle l'aurait suivi n'importe où. São Luís lui a plu et je le comprends, j'ai aimé cette ville brûlée de soleil, pas plus loin de tout, si on y réfléchit, que Chaumont ou Charolles. Tout, c'est n'importe où, et avec son Internet Paul peut travailler au bout de tous les mondes. Le père de Rosiana est gouverneur du Maranhão, son frère député. Fief d'un autre âge, fortune à l'avenant, mais sans utilité aucune car Paul est comme moi, rien de ce qu'on nous propose aux étals ne le tente. Je crois qu'ils sont heureux ensemble, comme dit la chanson. Paul a hérité la monogamie approximative de nos souches familiales. Il veut beaucoup d'enfants. Pierre y viendra à son heure. Ils sont d'une génération qui ne prend pas l'amour au tragique comme celle de mon grand-père Auguste, le notaire. Il s'est suicidé dans son étude pour l'amour d'une femme qui le rendait trop malheureux. Elle était dans l'église le jour des obsèques – une dame chapeautée et voilée qui à mes yeux d'ado n'avait plus d'âge. Régine. Jusqu'à la mort de ma grand-mère, omerta familiale sur le drame. À l'époque, la dépression n'était pas entrée dans les mœurs, on a invoqué une maladie incurable et on a vendu la maison près de la tour de Charles le Téméraire qui venait de sa femme, elle a exigé cet exorcisme. Je devais être déjà étudiant quand mon père a évoqué la seule encoche à l'harmonie familiale, non sans gêne, un jour où je l'accompagnais dans ses visites de véto et où nous étions passés devant la maison de ladite Régine à Champlecy. Alors j'ai su qu'elle était divorcée d'un maquignon de Marcigny, mère d'un fils en apprentissage chez un quincaillier de Macon – et qu'elle avait assez copieusement entamé la fortune familiale. On s'en est remis. J'ai su plus tard qu'elle avait émigré et fini ses jours au Donjon, en concubinage avec le châtelain du coin. Version semi-rurale de la femme fatale, pas si loin des histoires d'amour de Balzac.

Dans trois mois, je serai grand-père. J'ai du mal à m'y faire. Un grand-père n'est pas amoureux. Ou alors ça finit dans les pages faits divers d'un quotidien régional, comme le suicide d'Auguste. Un grand-père ne cache pas sa voiture derrière un cimetière de village pour attendre une grand-mère et la supplier de ne plus coucher avec son mari. J'en étais là. Hélène sanglotait. « Laisse-moi du temps, chéri. C'est si rare et, quand ça arrive, j'ai l'impression d'être une pute. Tu sais à quoi j'ai rêvé cette nuit ? Je tuais Franck, tu apparaissais, j'étais à toi une dernière fois, je foutais le feu à la maison et j'allais en prison. C'est ça que tu veux ? »

Longtemps elle s'est reprochée ce rêve, dont je me régalais sans le lui dire. Moi, je rêvais de trucider Franck à l'arme blanche, je ne sais pas me servir d'un fusil. Je mitonnais le crime avec un luxe de détails, il fallait qu'il sache avant de mourir. Crime impuni, je m'étais muni de gants et j'avais brûlé le cadavre avant de bazarder les restes dans la Loire en aval d'Amboise. *La Nouvelle République* titrait à la une : « L'assassinat de Franck R ». Sous-titre : « L'habileté diabolique du meurtrier ». S'ensuivait la biographie d'un acteur éminent de la vie économique blésoise, modèle d'ascension sociale par la grâce de l'école républicaine. J'assistais avec Claire à la cérémonie funèbre à la cathédrale. Hélène ne pleurait que d'un œil. Le lendemain, elle avait vendu la maison des Grouets, nous l'hébergions à Chaumont dans la chambre de Paul, et Claire l'initiait complaisamment à la préparation du lièvre à la royale, mon plat préféré. Happy end ! Oui, je fabulais ces horreurs dans mon lit, une fois la lampe éteinte, tandis que gémissait le dernier train derrière la levée.

Mon frère Henri au téléphone. Il veut vendre un domaine resté dans l'indivision pour payer les droits de succession d'un héritage de sa femme Édith. Nous avons évoqué le dernier Noël à Charolles, pour moi mémorable car, la veille du départ, Hélène m'avait fait le plus beau des cadeaux : son alliance jetée dans la Loire.

Elle était à Cahors auprès de sa mère, sans Franck ni Laure. Si j'ai bien compris, ils ont passé sa famille à pertes et profits. Tant mieux. Il me plaisait de la savoir seule dans la ville de son enfance, la ville de son accent.

Claire se reprochait de laisser à Bracieux sa mère désormais intransportable. Elle regrette de n'avoir pas pris le temps d'écouter ses histoires de famille avant la déroute de ses neurones. Le même regret m'avait saisi après la mort de ma propre mère. On ne s'intéresse que sur le tard à nos ascendants. Ma grand-mère maternelle Ernestine de Jambles me rasait quand elle ânonnait ses souvenirs de jeunesse au Creusot. Pourtant je l'aimais beaucoup ; mes séjours dans la grande maison au pied des vignes étaient des parenthèses de liberté sans frein, elle me choyait, je pouvais même faire monter des filles dans ma chambre. À présent, j'aimerais que des fils me raccrochent au passé des miens, il s'éloigne vers le néant. Trop tard, ils sont tous morts, je suis peu ou prou l'orphelin d'une lignée fantôme. Deux parents, quatre grands-parents dont un mort en 14-18 et une tubarde que je n'ai pas connue non plus : en amont, trou noir.

Pierre nous avait rejoints la veille à Chaumont avec sa copine qui, selon Claire, pourrait être la bonne. Un quart de sang chinois, un quart de sang indien, le reste écossais : séquelle très charmante de feu l'Empire britannique. Elle s'appelle Mary-Ann et travaille dans le même organisme que Pierre. Trentenaire, un français impeccable. Elle parle aussi le chinois et l'arabe. C'est leur génération qui veut ça ; ils sont d'un peu partout. Ils ont sûrement des frontières, mais tracées sur un espace plus flou que le nôtre. Ils arrivaient d'une région de la Syrie, près de la frontière turque, où affluent des réfugiés par centaines de milliers. Ce qu'ils décrivaient semble aussi irréel que les châteaux hantés d'un roman de Walpole. C'est l'Histoire, avec une majuscule dégoulinante de sang. Elle n'a plus cours en

Europe ; au fond, mes contemporains qui se veulent modernes sont aussi largués que moi.

Pierre a fait découvrir quelques châteaux à Mary-Ann. Comme toutes les femmes, elle a surtout aimé Chenonceau et Azay-le-Rideau. Les hommes préfèrent Chambord et Amboise. Le faste et le sang. Pierre a toujours aimé la bourlingue. « Renard intrépide » était son totem chez les scouts. Du temps où existait une plage sur la rive droite, il fallait le surveiller en permanence, il voulait rejoindre la maison à la nage et, à seize ans, il traversait déjà l'Europe en stop avec son sac au dos et sa crinière bouclée. Rien ne lui fait peur, il a toujours saisi les perches que le hasard lui tendait. Il danse sa vie comme un funambule sur le fil de l'instant, il la fredonne sans exclure, dans un futur indéterminé, de revenir vivre en France et d'y commettre beaucoup d'enfants. Avec lui rien de précis, rien d'acquis. Comme avec Bénédicte.

Cour-Cheverny... L'autoroute à Romorantin... Premières vaches blanches sur fond de verdure dans le bocage bourbonnais. À partir de Lapalisse, je me sens chez moi. À Paray-le-Monial nous repassons devant le Sacré-Cœur. Mauvais souvenirs, j'étais collé tous les jeudis, tous les dimanches, et ils m'ont viré sans sommation, à la fin de la seconde. Enfin les toits marron de Charolles, le carrefour de la route de Saint-Aubin, le chemin, la maison jaune entre les arbres du parc. Ce jaune ocre de la pierre de Bourgogne, très lumineux quand le soleil daigne percer les nuages.

Noël sans Paul, la mère de Rosiana était à l'agonie. On les verrait sur Skype. Sapin décoré et crèche d'usage dans cette grande pièce où Henri et moi disposions nos souliers, aux bons soins du Père Noël. La tradition perdure avec les quatre rejetons de mes nièces Odile et Sophie. Deux chacune, mais rien que des filles. Mon petit-fils sera le seul garçon ; ainsi le nom subsistera. « Relève assurée, a dit Pierre, vous pouvez vieillir cool. » J'aurais pu lui répondre que j'ai rajeuni d'un bon demi-siècle. Il n'aurait pas compris. Personne ne comprendrait, c'est tellement inouï, ce printemps amoureux dans l'automne de mes jours.

J'aime énormément mes nièces. Odile vit à la campagne à Palinges en bordure du canal avec son mari pharmacien, et envisage de pondre un troisième enfant. Ils ont des domaines avec des bovins, héritage génétique oblige, mais ils élèvent aussi des chevaux, on les voit gambader devant leur maison. Sophie s'en tiendra là, elle a divorcé, elle habite un appartement à Lausanne et son métier au CIO l'accapare. J'aimais beaucoup ma tante Jacqueline, la sœur de notre père, qui s'est tuée avec son mari dans un accident de voiture sur l'autoroute juste après le premier mariage de Bénédicte. Elle était douce et bienveillante, elle plaidait toujours ma cause quand mes bulletins scolaires laissaient par trop à désirer. Ma tendresse longtemps amoureuse pour ma cousine tient aussi à ce deuil de sa mère dont mes grands-parents ne se sont pas remis. Henri a racheté à Bénédicte la maison de Palinges pour qu'elle reste dans la famille.

J'aime beaucoup Henri, mon cadet, qui lui également songe à la retraite. Il est aussi casanier que moi, aussi truculent que notre père, aussi facile à satisfaire que notre mère. Il a multiplié les essayages avant d'épouser Édith pour faire une fin et il s'en accommode. Elle, j'ai du mal à l'encaisser. Elle prend de haut les gens du cru parce qu'ils ont l'accent lourd et, dit-elle, pas de culture. Elle entretient son bovarysme avec sa boutique de déco, un peu comme Sylvie Gros avec sa galerie. Verdict de Pierre : « Elle se la joue intello. » Verdict plus cruel de Claire : « Elle s'habille comme ses filles, pour tricher avec son âge. N'empêche qu'elle est de 49 et que ça se voit. Le botox ne peut pas tout. »

Hélène a-t-elle usé du botox ? Du carrossier ? Je n'osais pas lui poser la question, j'avais peur de la réponse. Pour moi, elle n'a pas d'âge et n'en aura jamais. Elle m'appelait de Cahors, j'avais sa voix sur mon portable dès que je pouvais me libérer. Elle était heureuse et ça ne me blessait pas, je préférais presque la savoir loin, mais seule, plutôt qu'à vingt bornes de moi pataugeant dans sa conjugalité. Cahors a pris sa place dans mon imagination – une petite ville de province ocre pâle, lovée dans une boucle de sa rivière, latine avec modération comme l'accent d'Hélène. Des collines alentour, semées de chênes nains et de caillasses grises.

« Ma mère décline. Je me demande jusqu'à quand elle pourra rester dans notre maison. » Toujours les atteintes de l'âge. Celui qui sonne le dernier glas. Celui qui déjà prend au collet Henri (le cœur), Édith (ventre et dépendances). Claire a des digestions difficiles. Presque tous nos amis traînent leur soixantaine avec un lot de pilules à prendre au petit déjeuner. Moi, du Caduet pour la tension. Presque tous aperçoivent l'ombre d'un cimetière derrière un EHPAD où végète leur père ou leur mère, avec la hantise de finir tuyautés de partout sur un lit médicalisé.

Moi comme les autres. Pourtant dix fois par jour, durant ce Noël à Charolles, je me suis caché dans le parc pour dire et redire « je t'aime » à une amoureuse qui en avait autant à mon service. Le soir de notre retour, j'avais pris prétexte d'un patient mal en point à Chouzy-sur-Cisse, Hélène d'un document à récupérer à la galerie, et nous nous sommes retrouvés dans la nuit sur le parking du golf de La Carte, je n'aurais pas pu attendre le lendemain. Sa tête au creux de mon épaule, ses soupirs, un long baiser comme si c'était le premier, ou le dernier. « Je n'ai pensé qu'à toi, je n'ai rêvé qu'à toi. Je suis même allée à la messe de minuit à la basilique de la Trinité pour être encore plus près de toi. Il y a Dieu, et toi, ça se confond. Le reste n'existe pas. À demain, chéri. »

« Juste un verre. Je suis seule et ma voiture est au garage. Je te promets de fermer mon portable. » Car il sonnait souvent quand nous étions ensemble et ça m'exaspérait de la voir sourire à quelqu'un d'autre que moi.

C'était un samedi, en fin de matinée. D'habitude, je ne travaille pas le samedi et il y a longtemps que je me suis affranchi des gardes. J'avais fait exception pour un patient dans nos âges, un vigneron de Rilly dont le cancer du pancréas ne l'emmènerait plus très loin. Il voulait savoir ce qui lui restait à vivre, pour mettre ses affaires en ordre. Certains médecins ont pour principe de ne pas mentir sur le diagnostic. Moi, je mens. Il faut toujours mentir, par politesse, par délicatesse, par respect de soi ; rien de plus nocif et vulgaire que la passion de la vérité. Je lui ai dit qu'on ne pouvait pas savoir, que dans certains cas les métastases peuvent se stabiliser.

Je m'étais promis de ne jamais revenir dans leur maison. Si je devais aller à Blois, je restais sur la rive gauche pour ne pas longer les Grouets. Lire ce nom de lieu sur le panneau suffisait à me tendre les nerfs. « S'il te plaît, chéri. Je veux te faire découvrir un peintre qui te plaira. » J'ai passé le pont, traversé Chaumont, roulé sur la rive droite que j'avais l'impression de redécouvrir. Je me suis engagé sur la route qui monte jusqu'à la maison. J'ai sonné, elle m'a ouvert. Hélène en jean bleu, espadrilles blanches et gros pull marin rayé bleu et blanc. Sourire de petite fille qui va faire une bêtise, et s'en régale par anticipation. J'étais trop noué pour lui rendre son sourire. Elle a poussé la porte, donné deux tours de clef. Le soleil inondait la pièce de séjour. Baiser debout, mon index sur sa cicatrice, c'est devenu un rite. Puis sur l'annulaire de sa main gauche pour sentir la trace laissée par l'alliance. Douceur dans ses yeux. Elle savait qu'il fallait éviter de me parler de Franck, de Laure, de Sylvie. De leurs amis. De leur vie.

Elle s'est assise à mes côtés sur le canapé et a ouvert un livre de photos posé sur la table basse. « Il est considéré comme un expressionniste. Ça te touche ? » Un certain Labegorre. J'ai été bouleversé par cette peinture – des portraits de papes ou de cardinaux dont le regard d'une lucidité effrayante semblait tourné vers l'intérieur. « Ils me font penser à toi quand tu es triste. »

Mon bras entourait son épaule. Tristesse de mon amour, en pénitence dans cette pièce trop grande, trop géométrique, trop blanche, trop exposée au soleil par les baies vitrées. Trop Franck. Tristesse : ce mot mélodieux, évocateur de feuilles tombant de leur arbre sous les assauts du vent, ce mot rassemble des sentiments où le bonheur d'aimer a partie liée avec des nostalgies incurables, du tragique dilué. Labegorre ne le dilue pas, il l'assène et ça fait froid dans le dos.

Fut-ce pour relever le défi de ces éminences d'un rouge vénéneux ? Nos lèvres s'étaient jointes, il fallait un exorcisme et nous n'avions que nos corps. Déjà, ils étaient en perdition sur l'esquif du canapé. J'ai pris Hélène par la main. Elle m'a suivi dans le couloir. « Pas ici. » J'ai ouvert la porte de leur chambre. Murs blancs comme ceux du salon, juste une litho d'Olivier Debré, un flamboiement en rouge et jaune. Cette chambre qui était mon cauchemar éveillé.

Elle a compris, je voulais une profanation. Le dessus-de-lit était blanc comme les murs. « S'il te plaît, mon chéri. » Jamais sa voix n'avait été aussi triste, jamais sa tristesse ne m'avait à ce point chaviré de joie.

« Laisse-moi au moins tirer le rideau. » J'en ai déduit qu'avec Franck les infamies se tramaient dans le noir. Pour les néantiser, il fallait soumettre le corps d'Hélène en pleine lumière, et j'eusse aimé que son mari assistât au sacrilège. Effet collatéral d'une éducation catholique : purifier pour retrouver l'innocence d'après la confession, quand ayant bâclé les dix « Notre Père » et les dix « Je vous salue Marie » imposés par le vieux curé de Charolles en guise de pénitence, je sortais de l'église en état de béatitude, amoureux des nuages dans le ciel, des oiseaux sur les branches, des vaches blanches dans les prés, saint parmi les saints, à la droite du Père ou presque.

Hélène après ce viol d'intimité, rompue, moue de fausse désolation : « Au moins, tu ne pourras plus dire que je ne t'aime pas. Ou pas assez. »

Retour à Chaumont avec Scarlatti. La Loire s'alanguissait, c'était à nouveau le fleuve enchanté des fêtes galantes, le lit des amours royales et autres – et Hélène à nouveau redevenait le kaléidoscope où Anne de Bretagne, Diane de Poitiers, Oriane de Guermantes et ma cousine Bénédicte se fondaient en une égérie intemporelle.

Pluie et brouillard. Claire vient de monter. Elle me trouve amaigri, ça l'inquiète. Ironie du sort : gym et régime ne m'avaient lesté que de deux kilos, le malheur est un amincissant plus efficace.

Claire a passé la soirée sur Skype avec Paul, Rosiana et João dans son ventre. Mon petit-fils s'appellera João. Bientôt sa photo s'ajoutera sur le buffet du salon à celles de son père et de son oncle. Chez mes patients aussi, le passage du temps se matérialise par des photos de famille. Même dans les chambres des EHPAD. Photos et télé, c'est tout ce qui leur reste.

Nous irons à São Luís pour le baptême. Si entre-temps nous avons renoué, Hélène et moi, la séparation ne me coûtera pas. Sinon, je commence à penser qu'un exil là-bas serait moins douloureux qu'un retour à Charolles où désormais les arbres du parc me rappelleront les « je t'aime » d'Hélène. C'est sous ces arbres que je l'appelais sur son portable, au fond de ce même parc où Bénédicte m'enseignait l'art du baiser. « Avec la langue, petit cousin, comme on la fait tourner autour d'un bonbon. »

« Ne pleure pas, chéri. » L'adieu aux larmes dans l'appartement de Fanny : du mélo de bibliothèque rose. J'étais comme un gosse qui pour la première fois va quitter sa mère pour partir en colo. J'avais pleuré discrètement dans notre lit conjugal quand Henri avait téléphoné en pleine nuit pour m'annoncer le décès de notre mère. La main de Claire s'était posée sur mon épaule. Pas un mot, juste cette main pudiquement compatissante, plus fraternelle que conjugale. Elle ne m'avait jamais vu pleurer. Ça n'a pas duré longtemps. Récidive encore plus discrète devant le cadavre de ma mère sur son lit, dans la chambre de nos parents qui n'a pas changé depuis notre enfance. Puis devant le caveau au moment de l'inhumation. Morale de mec, issue sans doute de la souche paysanne, entérinée par la bourgeoisie : l'affichage des sentiments ne sied pas à la virilité.

Là, plus de retenue, un torrent de larmes pour réagir à une mutilation sans anesthésie. Deux mois sans Hélène. Elle allait partir tout le mois de juillet à La Baule avec Laure et ses deux marmots. Les enfants m'attendrissent facilement mais ces deux-là, je ne peux pas les encadrer. Jennifer a déjà la voix sèche et impérieuse de sa mère ; Dorian traîne une grosse tête de mouton sur un corps filiforme et geint à longueur de journée.

Deux mois sans Hélène, car en août nous serions à Charolles. Là-bas, son absence est supportable. Elle serait accablante en juillet, moi seul à Chaumont, elle sur une plage en maillot de bain, autant dire presque nue.

J'ai continué à sangloter après son départ, allongé sur le ventre. Longtemps. Jusqu'à ce qu'elle m'appelle des Grouets. « J'ai réfléchi, chéri. On va essayer de se voir à Nantes. Il y a une expo de Monory. » La douleur s'est apaisée, je me suis accroché à ce nom de lieu – Nantes – et cinq jours plus tard les trilles de Scarlatti dansaient sur l'autoroute. Un quai à la gare de Nantes. Le TGV de La Baule. Hélène en mauve, tee-shirt et bermuda. Moi dans ses bras, chaton blotti contre sa mère. Hélène et moi parcourant les salles d'un bâtiment quelconque, elle voulait voir l'expo. Elle voulait toujours cautionner ses alibis. Sa culpabilité. Je haïssais ce peintre. Hélène et moi dans une chambre d'hôtel près de la gare, pas longtemps, notre rituel en version accélérée, d'autant plus électrique, tout prendre et tout donner. Il a fallu payer la chambre en invoquant la nécessité d'un départ imprévu, sous le regard évidemment incrédule du type de service à la réception. « C'est pire que chez Fanny, il a dû se demander combien tu m'as refilé. » Hélène et moi sur le même quai, mais le train repartait à La Baule. Retour à Chaumont, sans Scarlatti. J'avais dit à Claire que Bénédicte était à Paris et voulait me voir parce qu'elle déprimait. Entre-temps j'avais appelé Bénédicte pour qu'elle me couvre, au cas où. « Bien sûr je te couvrirai, petit cousin. Mais ne me dis pas que tu es amoureux à ton âge. »

Rien d'autre désormais que le portable. « Je suis sur la plage avec les enfants de Laure, chéri. Il y a du vent, et... » Rien à foutre de son vent, je haïssais sa plage. « Je m'ennuie de toi. » J'aurais préféré l'entendre dire qu'elle s'ennuyait tout court. Sans doute prenait-elle des plaisirs, comme à Saint-Barth. Des plaisirs sans moi, peut-être même des bonheurs. La Baule, Saint-Barth : Sodome et Gomorrhe. Hélène exhibait sur du sable son corps huilé d'ambre solaire, bras et jambes ouverts, s'offrant sans pudeur au soleil. Ma jalousie avait des raffinements de tortionnaire sadique, j'imaginais Hélène en maillot de bain deux-pièces, n'importe qui pouvait voir son grain de beauté à côté du nombril.

Pour me venger, j'allais retrouver Fanny dans notre brasserie. Beaucoup de touristes, shorts et caméras. Le Val de Loire est touristique. Chaque été, il faut accueillir et trimbaler dans les châteaux des cousins, des amis de passage et ma clientèle se grossit d'estivants qui peuplent les gîtes ruraux et les chambres d'hôtes, ils ont essaimé dans le moindre hameau. Combien de fois ai-je fait visiter le château de Chaumont, Diane de Poitiers, Catherine de Médicis, Germaine de Staël, la duchesse de Broglie née Say, oui, le sucre Béghin Say ! Depuis plusieurs années, il y a aussi le festival international des jardins et c'est Claire qui s'improvise guide, elle connaît bien la botanique, elle aime l'art des jardins et apprécie la directrice du site. Plusieurs fois, Bénédicte a voulu revoir le château et le parc, elle se souvenait d'y être venue avec moi mais elle avait oublié le baiser sur le pont Gabriel.

Fanny était occupée, je la regardais aller et venir entre le comptoir et les tablées de clients. Si débordante était sa sensualité que venait me chahuter notre intermède dans sa chambre – et ce retour sur images crues me procurait une volupté salie de honte, je les confondais avec nos cérémoniaux, Hélène et moi, dans ce même lit où j'avais sangloté. Fanny me souriait, s'approchait de ma table sur la terrasse où je fumais sans discontinuer. « Ne soyez pas triste, elle va revenir. »

Hélène est revenue mais nous étions à Charolles. Henri a gardé la maison dite de maître où nous avons grandi, j'ai fait aménager l'ancienne maison du régisseur. Nos fils étaient là, Paul avec Rosiana que nos paysages ébahissent, Pierre avec une Tchèque plutôt jolie mais muette et anorexique qui a détalé après un dîner chez Doucet qu'elle a vomi dans le salon. Pourtant on mange excellemment dans ce restaurant où la famille a ses habitudes. Avant la Tchèque il y eut une Scandinave, une Malgache, une Canadienne et je compte pour rien les Charollaises qui font la soudure quand Pierre débarque seul. Autant que je sache, par le truchement de Claire, il est amoureux pour de vrai de Mary-Ann et envisage de convoler.

J'allais marcher dans le parc pour appeler Hélène à la galerie. Sylvie était en vacances à Ramatuelle, nous pouvions nous parler longuement. « Reviens vite, chéri, je n'en peux plus d'attendre. Blois sans toi, c'est invivable. » Je suis payé pour le savoir et il ne me déplaisait pas qu'elle se morfonde, ça me vengeait.

Bénédicte a débarqué la dernière semaine avec Jérôme, son fils aîné. Nous l'avons hébergée, elle n'a plus de toit dans le pays et ne veut pas dormir à Palinges depuis la mort de ses parents. Plus de mari, plus d'argent, plus d'amours, rien que des souvenirs. Visage creusé, cou ridé, hanches évasées, cheveux grisonnant sur les tempes : elle et plus elle. Restent les yeux et le sourire. « Viens faire un tour de parc, petit cousin. » Nous sommes descendus vers le ruisseau qu'enfants nous passions à gué pour aller nous cacher dans le bois. Comme elle était loin, l'époque où elle me dévergondait sous des arbres qui ont disparu. « Je vieillis, cousin, la vie ne m'amuse plus. Le moment venu, tu me trouveras une maison de retraite pas trop loin de chez toi. » Un soupir, un sourire. « Bof ! Quelle importance. »

Curieusement elle n'a fait aucune allusion au service que je lui avais demandé, comme s'il eût été indécent ou malséant de cachotter sur notre terre d'élection dans le dos de Claire. Elle vénère mon épouse, autant qu'Hélène, et je m'avise qu'elles ont raison, Claire est une incarnation très réussie de l'éternel féminin, entre Vermeer et Berthe Morizot. Il aura fallu l'amour d'Hélène pour que se dévoile cette évidence.

Dix jours… Elle n'appellera pas avant la date fixée. Un lundi. Il a été convenu qu'elle prendrait l'initiative, à midi pile, où que nous soyons. J'ai peur de sa décision. À la fin, nos enfièvrements prenaient des tours convulsifs, comme si une fatalité nous acculait à cultiver dans la serre chaude de l'érotisme les boutures d'un âge d'or. Comme si nous rattrapait l'âge de notre état civil.

C'est ma faute si nous avons décidé de « prendre du recul ». Formule idiote, nous ne pouvons plus reculer, chaque jour nous rapproche d'une échéance capitale, c'est pourquoi j'ai tellement peur. Amoureux, nous l'étions, autant qu'aux premiers aveux, il ne manquait que l'innocence et c'est la faute de ma jalousie. Au moment de nous séparer, derrière le cimetière de Mesland, Hélène m'a prié de passer dans notre brasserie. « Tu comprendras. » J'y suis allé le soir même, en évitant de regarder le pont. Fanny m'a tendu une enveloppe cachetée. Je l'ai ouverte dans ma voiture. L'écriture minimaliste d'Hélène, au bic vert, sur une feuille détachée d'un bloc. « Je t'aime tant et tant. » Elle ne m'avait jamais écrit auparavant, ça m'a permis d'affronter le regard de Claire.

Amoureuse, elle l'était, « tant et tant », pas moins éperdument que dans le musée de la Vie romantique. Mais elle tenait avec une aisance qui me rendait fou son rôle d'épouse d'un parvenu, de mère d'une arriviste, de collègue d'une détraquée. Franck, Laure, Sylvie : trio infernal acharné à la corruption de son âme. Moi, je chérissais l'âme en fleur d'une écolière de Cahors, absurdement, immoralement recluse dans une cage dorée.

Chaque soir, avant de quitter mon cabinet, je sors d'un tiroir sa photo en communiante toute blanche, j'accommode tant bien que mal cette image à des instantanés où défile le visage d'Hélène, tantôt radieux, tantôt effaré, tantôt en détresse. Ses yeux mutins, ses sourires câlins, ses moues, sa cicatrice, un patchwork d'images, c'est avec ces instantanés qu'elle se recompose.

Si elle décide de rompre, aurai-je le courage de me suicider comme mon grand-père Auguste ? Je ne sais pas, je me connais si mal. L'amour a ouvert tant de portes dérobées d'où se sont échappés et dispersés les brimborions d'un moi à la fois désertique et surpeuplé de fantômes. Non, pas de suicide, Claire et nos fils seraient catastrophés, je me dois de les épargner. Nous irons vivre à São Luís et je m'assommerai au punch jusqu'à ce que mort s'ensuive.

Peut-être suis-je atteint de folie. Peut-être l'ai-je toujours été. Toujours j'ai vécu pour de rire, comme disent les enfants, toujours j'ai su qu'un automate vaquait sous fausse identité, ça m'amusait de le voir singer quelqu'un qui physiquement me ressemble. Toujours j'ai craint que ne s'évente la supercherie. Faux adulte. Faux médecin. Faux mari. Faux ami. Faux père. Ça n'empêche pas les sentiments. J'aime Claire, nos fils, ma famille, j'ai aimé mes patients aussi – mais d'un amour ambigu car émargé d'un moi aléatoire. Un moi ou plusieurs : souvent j'ai eu ce sentiment d'héberger des êtres venus d'ailleurs, et d'autres temps – des êtres en transit, une fleur, un nuage, un papillon. L'héroïne d'un roman, le coquelicot dans un champ, l'oiseau peint sur un tableau évoluaient mystérieusement mais indéniablement dans cette auberge espagnole : moi. Enfin, ce que recouvre ce mot si on le libère de sa gangue psy. Moi en fausse permission dans son jardin d'éden, ou voguant sur son arche de Noé. Moi en liberté, sens et non-sens de notre cavale. Moi sur un destrier tout feu tout flamme, avec Hélène en croupe. Hélène, mon Yseut et mon Héloïse. Hélène, ma reine de Saba.

Peut-être suis-je le pauvre fol de cette histoire que se racontaient les infirmiers psychiatriques au Kremlin-Bicêtre où pendant deux ans j'ai fait fonction d'interne, sans l'être. On l'a enfermé dans un asile. Penché sur le mur, il voit un quidam passer dans la rue et l'apostrophe en ces termes : « Vous êtes nombreux, là-dedans ? » Ils sont nombreux « là-dedans » et, depuis mon enfance, je les regarde se mouvoir comme s'ils étaient des poissons agitant leurs nageoires dans un bocal de verre dépoli. Tous. Sauf Claire qui reste pour moi une énigme. Sauf peut-être mes fils qui se sont évadés à leur façon, Paul dans l'éther de l'immatérialité, Pierre dans l'Histoire de nos manuels scolaires.

Sauf Hélène. Ma souveraine, leur esclave. Hélène… J'ai composé son numéro par trois fois ce matin. Le cœur serré, le cœur tenaillé, j'ai écouté sa voix flûtée sur le répondeur. « Vous êtes bien au 06… Veuillez laisser un message, je vous appellerai dès que possible. Merci et à bientôt. » C'est si loin, bientôt. Si loin et peut-être trop tard. J'ai peur.

Claire est à Bracieux. Je ne me supporte pas dans la maison vide. Ironie de mon sort : je ne peux plus vivre l'absence d'Hélène sans la présence de mon épouse. Je suis allé à Blois en restant sur la rive gauche. À cette heure, Hélène devait être à la galerie. Je me suis garé près du pont, je l'ai traversé, j'ai commandé un café à la terrasse du Gabriel, en espérant, en redoutant qu'elle vienne s'attabler. J'ai hésité, j'étais à cent mètres de la galerie. Pas le courage. Pas encore. Mais j'irai demain. À quoi bon stagner dans cette attente ? Elle a dû faire son choix, autant hâter le dénouement. Le choix est simple : « là-dedans » ou ailleurs. Eux ou nous. L'amour ou plus d'amour. L'enfance inaltérable ou l'âge des artères. C'est moi hélas qui ai peur de vieillir, Hélène n'a pas d'âge. Du moins elle n'en avait pas quand elle se précipitait dans mes bras. Fruit de saison, peau de brugnon. J'ai peur de la perdre. Ce soir, je prendrai un Stilnox, j'ai besoin de dormir. Demain, je saurai. Si elle a choisi l'amour je lui promettrai la lune, j'irai la décrocher et je la lui servirai à genoux en lui demandant pardon. Sinon…

Claire sait. Pas un reproche, pire qu'une menace : la mise en garde affectueuse d'une mère à son fils. Ce matin même, dans la cuisine où nous prenions notre petit déjeuner. « Méfie-toi, mon pauvre François. L'amour, à ton âge… » J'ai dû pâlir, j'étais terrorisé. Elle ne m'a pas laissé le temps d'improviser un mensonge. « Tu sais, rien ne changera entre toi et moi. Essaie seulement d'être discret. » Ces mots prononcés sans amertume, enveloppés dans un sourire qui se voulait rassurant. « Prends ton manteau, il fait froid ce matin. Je pars à Bracieux, je serai rentrée pour le déjeuner. »

Elle est sortie. Je n'ai pas trouvé la force de me lever de ma chaise. Pas trouvé les mots qui auraient…

Quels mots pour lui dire quoi ? Simplement que je n'ai pas cessé de l'aimer. M'aurait-elle cru ? Je ne suis pas sûr qu'elle sache tout. Je suis presque sûr qu'elle n'abordera plus jamais le sujet, quoi qu'il advienne. Je voudrais être sûr qu'elle ne souffre pas. Comment le savoir ? Elle ne montre pas ses sentiments, je me suis toujours demandé si c'était par orgueil, par timidité ou par politesse.

Mon premier réflexe a été de prévenir Hélène. J'y ai vite renoncé : si elle sait que Claire sait, rideau sur notre amour, elle respecte trop mon épouse. Ne rien lui dire. Ne rien dire à Claire non plus, elle ignore peut-être avec qui et depuis quand. Si elle sait avec qui, je suis sûr qu'elle n'en laissera rien paraître devant Hélène, à supposer qu'elles se revoient un jour. Sûr aussi qu'elle n'en parlera jamais à nos fils. Heureusement, ils sont loin.

Quelqu'un a dû me dénoncer. Pas Fanny, j'en jurerais. Sylvie peut-être, elle a pu surprendre un geste, ou découvrir un mensonge d'Hélène. Elle a pu vouloir se venger, il faut toujours se méfier des femmes sans espoir, j'ai appris ça dans l'exercice de mon métier. Je me suis souvenu qu'un soir la pharmacienne de Chaumont est passée en voiture devant l'église de Coulanges alors que nous sortions ensemble du logement de Fanny. Si elle m'a vu, elle m'a reconnu. Mais je pouvais sortir de chez un patient et du reste elle n'a aucune raison de me nuire, je la soigne, elle serait plutôt encline à me pourvoir d'un alibi. Je me suis demandé si le délateur – ou la délatrice – avait informé Franck. Probablement pas, Hélène m'aurait alerté. Du reste

Franck n'a aucune importance, ma jalousie lui a fait trop d'honneur.

Claire sait et je m'étonne d'être plus soulagé qu'atterré. Nous aurons un secret en partage, je n'exclus pas qu'il consolide nos liens, sur la durée. Elle pense peut-être que je me suis énamouré d'une quadra, c'est dans l'air du temps, même dans sa famille. Elle espère sans doute que ça me passera. Non, ça ne me passera pas. Il est trop tard pour essayer de vivre sans l'amour d'Hélène. Nous avons fait la belle avec un aller simple, on ne revient pas des confins où l'amour nous a transbahutés. Un jour, j'expliquerai tout à Claire, l'aller simple, les confins, elle comprendra.

Mon portable a sonné. Ce n'était pas Hélène mais l'EHPAD des « Bois blancs ». Mathilde agonise, elle répète mon nom, l'infirmière lui a promis de me prévenir. Je vais planquer ce cahier sous la pile de dossiers et filer à Onzain en espérant que Mathilde m'aura attendu pour mourir. « Ta copine », disait Hélène.

En revenant du cimetière de Mesland, le cœur en charpie, je m'étais arrêté aux « Bois blancs » pour une visite trop brève. Je revois les yeux de Mathilde encore rieurs au-dessus du masque à oxygène. Elle m'avait reconnu. J'ai posé ma main sur la sienne, j'ai cru sentir une pression. Tout le pathétique de la condition humaine dans cette chambre où ses avoirs se résument à une Vierge en plastique fluo sur une étagère et à un crucifix de bois accroché au-dessus de son lit. Toute la douceur du monde dans le sourire de Valérie, l'infirmière chef. Mince, diaphane, brune, cheveux très courts. Un dessin de

Cocteau, peint par le Pérugin. Des yeux de biche. Penché sur celui de Mathilde, son visage m'a fait penser à un oiseau de cristal Lalique offert à Claire par sa mère. Il m'a fait penser à Claire quand elle regardait ses bébés. Si pure, cette vestale du temple des fins dernières qu'au nouvel an j'osais à peine l'embrasser sur les joues pour lui souhaiter la bonne année. Encore une incarnation probante de l'éternel féminin. Au bout du compte, mon simulacre d'existence n'aura été qu'un papillonnage dans une galerie des glaces où se réfléchissent des allégories du même éternel féminin. Allégories mouvantes comme les sables blonds sous l'eau du fleuve Loire, et dans ce pays-ci on sait ce qu'il en coûte de s'y enliser.

Mathilde est notre lien depuis deux ans et, comme je n'ai pas d'autre patient dans ce mouroir aux normes, d'une blancheur, d'une propreté désespérantes, je ne verrai plus Valérie quand Mathilde nous aura quittés. Double deuil en perspective.

J'appellerai le maire de Chaumont pour qu'il fasse creuser une tombe au cimetière, Mathilde n'a plus de famille, personne ne sait où sa mère a été enterrée. Autant que je sache, il n'y a pas de père dans l'histoire de sa vie. Claire verra notre curé, je veux qu'il ordonne de vraies obsèques, avec des cantiques en latin.

Je rentrerai à Chaumont, j'attendrai Claire. Nous déjeunerons dans la cuisine. Elle me décrira l'état de sa mère, sujet de conversation récurrent. Je lui demanderai comment elle pense organiser le voyage à São Luís, pour le baptême de João. Je voudrais lui dire de ne pas s'inquiéter pour moi, mais je ne suis pas sûr d'en avoir le courage. J'aimerais aussi lui témoigner mon immense gratitude, mais je suis sûr que les mots se déroberont. Nous prendrons le café sur le balcon, le soleil s'est levé, il enlumine le blanc soyeux des fleurs de cerisier. Elle me conseillera de ne pas enlever mon pull, l'air est encore frais.

Puis j'irai à Blois, la peur au ventre…

LA LETTRE D'HÉLÈNE

Case départ : Cahors, Lot. Avatar du baby-boom, une petite fille presque modèle promène ses songeries dans l'univers floconneux des romans de la comtesse de Ségur. Mon amie préférée s'appelle Madeleine de Fleurville mais j'aime bien aussi Camille, Marguerite de Rosbourg et Sophie de Réan. Des châteaux, des robes à crinoline, des chapeaux de paille pour les pique-niques sur des pelouses tondues de frais et tapissées de pâquerettes.

Ma mère est fille d'une mercière de Gramat sur le causse. Mon père a été élevé dans une masure de Saint-Médard-Catus par sa mère Amélie, bonne à tout faire, le géniteur ayant déserté avant sa naissance. Mon grand-père maternel est mort en 14-18, laissant une veuve, Julia, qui n'a pas approuvé le mariage de sa fille unique. Ma mère est employée à la BNP, mon père cadre à la Sécu. Petit cadre. Nous habitons une maison au bord du Lot, héritage d'une tante du côté Gramat, le plus reluisant si l'on peut dire.

Le côté Gramat est catho, tendance doloriste : on a péché, il faut expier ; on n'est pas sur terre pour rigoler. Ma mère a pris le pli, je l'ai vue parfois sourire, jamais s'esclaffer. Je saurai plus tard que mon père a été intronisé dans une loge maçonnique, peut-être pour se venger, peut-être pour avoir voix à un chapitre : à la maison, ma mère décide de tout, il obtempère. C'est elle qui a décidé de me scolariser à Notre-Dame, rue du Château-du-Roi, à côté de la prison. La rue ne voit jamais le soleil et les bonnes sœurs sont surannées au possible. Ça ne me déplaît pas. Je suis une écolière appliquée, obéissante et pas chahuteuse. J'aime les offices à la chapelle, les vitraux, les images de la Vierge, les statues des saints, le latin, le grégorien. J'aime vider mon sac de bêtises dans le confessionnal de bois et me retrouver après la pénitence en état de grâce. J'aime Jésus et il me le rend bien. Mes rêves d'amour ont éclos dans la pénombre d'une religiosité où se mêlaient l'orgueil d'avoir une âme pure comme les saintes et des sentiments élevés comme Camille de Fleurville.

L'adolescence a converti ce méli-mélo en l'attente vague d'un chevalier moins prosaïque que les copains de lycée. Car après le BEPC j'ai rejoint au lycée Clément-Marot la laïque chère à mon père. J'y ai découvert la mixité, les diabolos-grenadine dans les bars de l'avenue Gambetta, le brame de Paul Anka dans les juke-boxe. « *Oh please, stay with me, Diana*… » Les chuintements des guitares électriques, la rutilance multicolore des flippers m'ouvrent les portes d'une époque : la mienne. Me voilà contemporaine, séchant la messe du dimanche pour écouter « Little Sister » sur mon Teppaz, dans ma chambre tapissée de rose, avec mon ours en peluche dans les bras. Je fais des progrès en anglais pour pouvoir traduire « Are You Lonesome Tonight ». Je vais dans les surboums avec Gloria, ma meilleure amie, une Portugaise plus belle que Sylvie Vartan, plus belle que Françoise Hardy, aussi belle que la Maria de *West Side Story*. Elle a quitté l'école après le BEPC pour s'embaucher comme serveuse dans un restaurant, ses parents sont pauvres. Il y a les riches comme Bruno, le fils du pharmacien, qui roule en Vespa, commande des Martini rouge au Bordeaux et fume des Benson and Hedges, les pauvres comme la famille de Gloria. Nous, c'est entre les deux, je n'ai jamais vu ma mère sans chignon, mon père sans cravate. Mais ça tire vers le bas du panier : tout petits-bourgeois au bord de la dèche. L'Aronde grise qui nous conduit les dimanches à Saint-Médard-Catus ou à Gramat a été achetée d'occasion et à tempérament.

Je préfère de loin Amélie qui me fait de bons gâteaux et me sourit avec tendresse en me disant que je suis belle à Julia qui se plaint tout le temps de ses maux de ventre et se moque de mes couettes. Malheureusement, c'est à Gramat que nous allons le plus souvent, ma mère n'a que dédain pour Amélie. En ce temps-là, une fille mère est frappée d'opprobre, et j'ai vite compris que mon père souffre d'une humiliation inguérissable. Il préfère déposer ma mère à Gramat et nous partons tous les deux à Saint-Médard-Catus. Pas un mot dans l'Aronde. Mon père fume ses gauloises. Je crois qu'il est content d'être seul avec moi. Je contemple le paysage qui défile, les prés, les bois, les ruisseaux, toute la magie d'une campagne aussi muette que mon père, mais souriante. Un bucolisme naïf embue de poésie des sentiments qui me donnent le tournis ; je me sens ou me crois élue pour une destinée singulière. Mais le soir nous rentrons tous les trois à Cahors. La ville s'endort, je monte dans ma chambre réviser mes cours et écouter mes disques. Pour la destinée, il faudra patienter.

Les samedis, nous prenons en bande le chemin qui part du pont Louis-Philippe et escalade la colline jusqu'au mont Saint-Cyr. C'est un promontoire d'où la ville enclose dans le méandre du Lot semble m'appartenir. On voit le pont Valentré, les tours, le stade au bord de la rivière et tout au fond le château de Mercuès. On aperçoit notre maison. Au printemps, je cueille des lilas sauvages, je les mets dans un vase que je monte dans ma chambre, ils tiennent compagnie à mon ours en peluche.

Dans les surboums, je danse passablement le rock ou le twist, jamais les slows. Je crains de m'abîmer en laissant un garçon s'exciter en me pelotant. Abîmer quoi ? Ce rêve d'un envol amoureux jusqu'aux étoiles, scandé par les guitares basses des rockers mais avec les chœurs du *Tantum ergo* des premiers vendredis du mois et des *Veni Creator* de la Pentecôte. Le mixage s'improvise dans mon cœur de midinette.

Je ne suis pas malheureuse. Pas heureuse non plus. État d'attente ! Il arrive à ma mère de fredonner « Un jour mon prince viendra » en préparant le repas du soir, quand mon père n'est pas encore rentré de son bureau. Sans doute une chanson de son enfance. Quel prince viendra me prendre par la main et m'emmènera dans un pays qui serait à la fois le Sud d'Elvis, la campagne lotoise et le parc des Fleurville ? Un prince qui ressemblerait à Jacques de Boismandé, le noble de Saint-Médard. Amélie est employée chez les Boismandé, ils la traitent avec un respect qui tranche avec le mépris du côté Gramat. Ça me touche. Il m'en est resté un préjugé favorable aux aristos, je leur prête peut-être à tort moins de morgue que les bourgeois, surtout les petits. Les nouveaux, je n'ai pas encore appris à les connaître.

Avec mes parents les relations sont courtoises, jamais un mot plus haut que l'autre. Du reste, ils se parlent peu. Ma mère a ses activités à la paroisse, mon père ses réunions dans sa loge, et le match de rugby le dimanche. À Cahors, le rugby a son importance. Les lundis, tous les garçons du lycée commentent le match de la veille et mon père achète *Midi Olympique*.

Aucune escarmouche, j'ai de bonnes notes au lycée, j'obtiens une mention Bien au bac et ils ont compris que je ne suis pas du genre à me faire engrosser par inadvertance. Je n'ai dérapé qu'en fac, à Toulouse. Par lâcheté, par curiosité, pour le désir maso de saccager un idéal quand on le croit inaccessible. L'année de ma licence, je ne croyais plus en rien ; Dieu m'avait laissée en plan, l'amour n'existait pas, j'étais seule au monde ou peu s'en fallait.

En tout cas mon ange gardien avait du gros plomb dans l'aile lorsque j'ai épousé Franck. Dans l'église Saint-Urcisse, au moment de l'échange des alliances, j'ai pleuré, des photos en témoignent. On a mis ça sur le compte de l'émotion. Personne n'a su que je prenais le deuil d'un moi asséché faute d'arrosage. Triste moi tout de blanc vêtu, relégué avec les Fleurville au rayon des souvenirs d'enfance, supplanté par une jeune épousée qui me ressemblait à s'y méprendre. Ce troc d'identité, à qui l'aurais-je confié ? Il m'est resté sur le cœur, pendant quarante années, comme un mauvais repas reste sur l'estomac. J'ai joué le jeu. Je le joue encore avec une facilité qui t'exaspère. Si tu savais…

J'ai pris la plume pour que tu saches, François, mon grand amour, mon seul amour, mon plus qu'amour. Oserai-je t'offrir ce scribouillage ? Je suis si peu douée pour l'introspection. Tu es tellement à cran ; en me lisant, tu risques d'être encore plus malheureux que moi. Pourtant, il faut que tu comprennes.

Je t'écris de Cahors, je suis auprès de ma mère, dans notre maison. J'ai pris le train le lendemain de nos adieux. Ma mère a besoin de moi, elle s'est fracturé le bras et elle perd la boule. Son médecin m'incite à envisager le pire : un EHPAD ou l'équivalent en un peu plus luxueux, pour donner le change à ma culpabilité.

Je serais revenue ici de toute façon : Blois sans toi, c'est un désert sans oasis. Ici, je suis avec toi. Tu as idéalisé Cahors, parce que c'était ma vie avant Franck. Tu n'as pas eu tort : le moi auquel j'ai été infidèle, par suite d'une chute dans l'âge adulte, a éclos dans cette petite ville qui ne se prend pas pour une grande dame comme Toulouse. Il m'en restait l'accent, et rien d'autre croyais-je jusqu'à toi, miraculeusement advenu au crépuscule de mon petit tour de manège ici-bas.

Toi, mon éternel masculin, dont j'espère absurdement voir apparaître la silhouette devant le portail. Cahors, c'est toi et moi. Je t'ai si souvent décrit la maison au crépi ocre, le jardin minuscule, la colline nue sur l'autre rive, les rues ombreuses qui rejoignent l'avenue Gambetta en passant par la cathédrale Saint-Étienne. Tu chercherais le quai Ségur-d'Aguesseau, tu trouverais, tu pousserais le portail rouillé. Je te prendrais par la main, nous monterions dans ma chambre. Tu verrais mon ours en peluche, mes poupées, mes romans de la comtesse de Ségur, mon Teppaz, mes microsillons. Nous danserions un slow. Pourquoi pas « Are You Lonesome Tonight » ? Elvis a tellement accompagné mon adolescence avec sa voix tantôt soyeuse, tantôt de chat écorché. La première fois que j'ai vu sa photo sur une couverture de *Salut les copains*, j'ai su qu'il serait mon idole. Son visage de voyou qui ne demande qu'à être apprivoisé. Sa sensualité lourde, qui me promettait des voluptés plus tangibles, mais il aurait fallu que tu sois là l'année de mon bac. Sensualité et volupté ne peuvent rimer qu'avec toi.

Nous ferions… Je disjoncte : tu n'auras pas l'idée de venir à Cahors. Tu me crois à Blois, tu dois marauder autour de ces lieux que tu exècres, les Grouets, la galerie. Tu attises ta douleur en marivaudant avec Fanny. Tu n'es pas insensible à son sex-appeal et elle a un faible pour toi. Il m'est arrivé de penser que tu m'as trompée avec elle. Sais-tu seulement que moi aussi je suis jalouse ? Que j'ai peur chaque fois qu'une quadra bien roulée attire ton regard ? Car tu les reluques. Tous les hommes dans nos âges reluquent les femmes qui ont l'âge de Laure. D'ailleurs, Laure a allumé ton désir avant que tu la prennes en grippe. Oui, Laure, sous notre toit. Elle s'en était aperçue, ça l'amusait de croiser et décroiser les jambes pour titiller la libido du mari de Claire B. Laure, ma fille, que je jalousais avant de te connaître quand les hommes se retournaient dans la rue. Toujours pour elle, jamais pour moi. Son père était jaloux de son mari, il est jaloux de son amant, férocement jaloux des messieurs qui lui font du gringue. Fier de sa fille, mais jaloux comme il l'était à l'époque où certains de ses amis me draguaient dans son dos. J'esquivais et je le prévenais. Ça l'irritait sans l'inquiéter outre mesure, il me savait vertueuse, il me croyait amoureuse. À présent, il m'a réformée, m'estimant inepte à la séduction avec ma carte vermeil, mes lunettes pour la lecture, nos deux petits-enfants et tout ce qui s'ensuit. Tant mieux pour nous, il ne s'est jamais douté de rien.

Adulte ordinaire, je me suis glissée dans le rôle et l'ai tenu sans effort jusqu'à l'inimaginable déflagration. Sans effort et sans tricherie : je n'ai jamais trompé Franck. Je lui devais mon train de vie, la fidélité était un remboursement minimum, et qui ne m'a rien coûté, je me croyais frigide ou dans ces eaux-là. L'infidélité m'aurait coûté cher en monnaie de honte si je m'étais abaissée à une coucherie. Toi, c'est moi corps et âme que tu as prise sous ton aile pour une quête sacrée qui n'aura pas de fin.

Le mot bonheur est un générique, on peut y mettre pêle-mêle les menus plaisirs, les joies grand-angle ou simplement la paix des cœurs et les conforts qui l'enjolivent. Mettons que le mien aura été comme la Loire quand elle ne déborde pas.

À Toulouse, il se faisait attendre. Rien de moins romanesque qu'une fac à la fin des années soixante. J'ai butiné sans appétit de la littérature et de l'histoire – à peine de quoi sustenter des neurones qui n'ont jamais prétendu refaire le monde. La fac de lettres était le refuge des nuls en maths, je ne m'y suis fait aucun ami. J'ai aimé les grands auteurs au programme, autant que les glaces à la vanille lampées dans les brasseries de la place du Capitole, moins que les romans de la comtesse de Ségur. Je n'ai pas aimé les palabres dans les bars de la rue des Lois. Les gauchos de la fac de lettres fumaient des joints à La Faluche, les bourges de la fac de droit sirotaient des gin-tonic au Pérou. Bourges donc fachos, on ne faisait pas dans la nuance. Je n'étais d'aucun bord, leur politique me rebutait, mon romantisme manquait d'ensoleillement, je découvrais la solitude. Trois années dilapidées dans une chambre de bonne de quinze mètres carrés d'où j'apercevais la Garonne. Elle coulait sous les arches d'un vieux pont, comme la Loire sous le nôtre. Mon inertie me dégoûtait, j'aurais voulu me fuir au bout du monde. Une licence de lettres classiques ne mène à rien de probant, on est juste assez barbouillée de « culture » pour ne plus se voir en boulangère ou en femme de salle. Je n'avais aucune envie d'exercer un métier, mais mes parents tirant le diable par la queue, je me savais promise au sort de mon père : concours dans la fonction publique et peu m'importait lequel, les impôts, les hôpitaux, la préfectorale.

Si possible, un métier ailleurs que dans une banque. L'été, je remplissais des bordereaux à l'agence de la BNP de Cahors, l'ambiance n'était rien moins que folichonne.

Les Beatles s'étaient séparés, la musique indienne qu'on écoutait dans les bars me tapait sur les nerfs. Comme mon désarroi avait besoin de compagnie, je m'en tenais aux chanteurs de mon adolescence, Fats Domino, Ray Charles, Chuck Berry, Cliff Richard et les Shadows. Elvis restait mon préféré, il me rapatriait à Cahors, il me restituait mon innocence perdue. Chaque chanson rendait un écho à une émotion associée à un paysage, une scène de roman, un souvenir de déconnade avec Gloria, les lilas du mont Saint-Cyr. Brimborions d'un cœur qui ne se prenait pas au sérieux, encore moins au tragique – un cœur dont la meurtrissure, légère encore que lancinante, ne m'empêchait pas d'être plutôt gaie. Ça, tu n'as jamais pu le comprendre : broder de la joie sur une trame de tristesse. Toi, tu es triste comme une pluie d'hiver ou gai comme un pinson. Sans mélanger. Un mot mal placé et tes yeux s'ennuageaient, je ne savais plus par quel bout te reprendre.

Je t'ai menti en t'avouant une amourette anodine à Toulouse. Je t'ai beaucoup menti pour te protéger, tu n'aurais pas supporté des aveux qui pourtant confirment l'immensité océane et céleste de mon amour. Ce qu'il recèle de sacré. En quoi il est invulnérable. Je ne suis pas sûre que tu les supporteras ; c'est pourquoi il se peut que ces confessions de bonne femme finissent au panier.

Ce ne fut pas une amourette et ça m'a esquintée. Il faut que tu saches, toi l'alchimiste qui as métamorphosé un moi falsifié et rabougri en un bouquet de fleurs sauvages. J'ai cru aimer ce type qui donnait dans le genre « freak » et « peace and love ». Ou plutôt j'ai cru qu'il me dénouerait en me faisant voyager dans sa bohème. Il revenait de San Francisco, il avait assaisonné de hasch sa « révolte » à Katmandou, il l'entretenait en écoutant Bob Dylan et Joan Baez, « Here's to you, Nicola and Bart ». J'ai cru qu'il fallait passer par la case Woodstock sous un poster de Che Guevara pour éclairer mon avenir ; je me suis laissé manipuler comme un pantin par un dealer d'illusions. Cheveux longs, idées courtes : on va faire la révolution et après on planera dans le meilleur des mondes. Marcuse était son maître à penser une sexualité « désaliénée ». C'est peu dire qu'il ne m'a en rien désaliénée ! Je l'ai vite laissé tomber, mais il m'avait salie en me commettant dans ses fantasmes. C'était moche. J'ai voulu comprendre. J'ai voulu avoir connu ça, jusqu'à la nausée. Elle m'a épargné le pire et j'en rends grâce à la pudibonderie rétro des religieuses de Notre-Dame. Il m'a fallu du temps avant de pouvoir me regarder dans une glace.

J'étais à la ramasse quand j'ai rencontré Franck. Ma grand-mère Julia venait de mourir, laissant à ma mère un petit héritage, et mon père avait pris un peu de galon à la Sécu. On passait de la gêne à l'aisance. Sans plus, mais ça fait une sacrée différence. Je voulais quitter Toulouse pour ne plus risquer d'y croiser ce type méprisable et tirer un trait sur ce passé désastreux. L'envie m'a prise de monter à Paris avec mes gros sabots de provinciale. Envie récurrente depuis l'époque où, avec Gloria et d'autres copines, nous allions regarder passer le train du soir à la gare. Il venait de Toulouse, il montait à Paris. Cahors, deux minutes d'arrêt. Nous restions à quai en enviant les privilégiés qui allaient se repaître des luxuriances de la vie parisienne.

Mes parents m'ont accordé une année sabbatique avant les concours, à condition de ne rien leur coûter. L'histoire de l'art m'intéressait, surtout la peinture ; je ne suis pas assez phosphorée pour mettre des mots sur mes états d'âme, il me faut des images. Je me suis inscrite à l'École du Louvre. Les soirs, je gardais des gosses en bas âge et je donnais des cours de français à des écoliers, de quoi payer ma nourriture, ma part de loyer et des tickets d'entrée dans les musées, c'était mon seul luxe et je leur dois une fière chandelle, ils ont tenue entrebâillée la porte par où tu es venu jusqu'à moi.

Je campais sous les toits d'un immeuble de la rue des Dames, chez Christine R., cette copine du lycée que tu détestes par ma faute, sans la connaître. Elle était secrétaire dans un cabinet d'avocats du boulevard Raspail et regrettait déjà d'avoir quitté Cahors. Je n'aurais pas dû te dire qu'elle m'a présenté Franck. Pur hasard : son frère terminait HEC avec lui, ils jouaient au foot ensemble dans l'équipe de l'école et animaient le bureau des élèves.

Mon pauvre amour, je ne veux surtout pas te blesser. Par pitié, essaie de comprendre. Franck n'est plus qu'un nom de mari sur un livret de famille, avec les limites du genre et une personnalité dont je connais tous les ressorts. Il n'a jamais été un salaud et il ne mérite pas ton mépris. Il fallait qu'un homme à peu près clair et net néantise l'épisode sordide de

Toulouse et ce fut Franck. Il ne l'a jamais su mais il m'a lavé le cœur, tu devrais lui en savoir gré. C'était un beau garçon, franc comme l'or, faraud et mal dégrossi mais généreux. Il sortait d'une HLM de la banlieue nord de Blois. Il voulait « réussir ». Soit les gens de peu vont au combat pour sortir de leur réduit ; soit ils se résignent tels mes parents, non sans aigreur. Le père de Franck était employé municipal à la voirie, sa mère faisait des ménages entre deux grossesses et son frère aîné sortait de taule. Quand j'ai connu Franck, ses parents se saignaient aux quatre veines pour rembourser les traites d'un pavillon préfabriqué à Vineuil. Il préméditait sa revanche sur les bourgeois de Blois, ça peut se comprendre. Il a payé ses études en faisant chaque été la plonge dans les restaurants de La Baule.

Il était sincèrement amoureux de moi. Du moins il le croyait, ce qui revient au même : pour lui, les mots et les choses s'emboîtent, il n'y a pas d'espaces vacants, les clairs-obscurs des sentiments lui sont étrangers. Il me plaisait. Moins qu'Elvis, mais je n'en étais plus à fabuler mes Amériques, Franck avait le mérite de s'inscrire dans une réalité. Son entrain, son énergie me rassuraient ; j'avais si peu confiance en moi. L'ai-je aimé ? Le mot, tu le sais, veut trop dire, ou pas assez, ou pas ce qu'on croit. L'amour vrai, l'amour fou, l'amour dont j'ai rêvé dans la chambre d'où je t'écris, l'amour qui repeint le monde à neuf, ou qui l'efface et le recrée, c'est toi. Rien que toi. Mettons que j'ai aimé Franck comme la plupart des épouses ont aimé leur conjoint : en adulte, dans les normes. Je l'ai aimé raisonnablement, il a eu droit à des sentiments conjugaux, ça vient tout seul quand le mari n'est ni bête ni méchant.

Nous avons vécu dans un deux pièces pas très gai du côté de la place Voltaire. Cinquième étage sans ascenseur. Il fallait faire bouillir la marmite, nous n'avions pas un radis. J'avais renoncé aux concours et trouvé un job de rédactrice dans la boîte de pub à Issy-les-Moulineaux où Franck faisait déjà partie des cadres. Et au bout de deux ans, des cadres sup, il brûlait les étapes. Il a voulu m'épouser. Toutes mes copines se mariaient, quelques-unes enceintes il est vrai. En épousant Franck, j'en finirais avec des expectatives qui me paraissaient sans issue. J'ai accepté. Ses promesses de bonheur étaient ordinaires. Il les a tenues. Nous avons convolé à Cahors. Franck aurait préféré un mariage à Paris avec quatre témoins et un dîner dans un resto à la mode. Moi aussi. Ma mère voulait marier sa fille à Cahors et dans l'église de notre paroisse. Je n'ai pas cru devoir m'y opposer. Mon père a cassé sa tirelire, Franck a payé le voyage en train de ses parents. Ses frères et sa sœur sont venus en voiture avec une smala de cousins qui ont picolé et chanté des insanités à table. Les cousins du côté Gramat étaient à peine plus policés, cette noce me faisait honte, j'avais envie de la fuir.

Ma mère a trouvé Franck bel homme et bien élevé, mais sa famille infréquentable. Le fait est qu'ils ne se sont jamais revus. Mon père était plutôt content de caser sa fille à un HEC qui gagnait bien sa vie et s'intéressait comme lui aux cours de la Bourse. Il aurait préféré que je passe un concours de catégorie A, l'ascenseur social m'aurait déposée à un étage supérieur au sien mais qu'il connaissait de vue.

Ne dégaine pas ton ironie méchante, mon amour. Ton vrai registre, c'est une lucidité amusée et bienveillante, pas le mépris. Il te défigure. Te banalise. Te réduit à l'état d'adulte. À chacun ses capacités : tu n'es pas doué pour les mauvais sentiments. La « réussite » de Franck, pourquoi en ricaner ? Je l'ai admirée, elle m'a rendu la vie facile. Pas romantique, pas exaltante, mais je m'en suis contentée. Le salaire de Franck et ses primes nous ont permis de déménager une première fois. Trois pièces boulevard Diderot près de la gare de Lyon. Toujours au cinquième étage, mais avec ascenseur, balcon et concierge, le luxe n'était plus loin. J'achetais des petites robes fleuries de Cacharel, de Georges Rech ou d'Agnès B., je me trouvais presque jolie. Je meublais notre appartement en Roche Bobois. Nous dînions une fois par semaine chez Lipp ou à La Rotonde. Les week-ends, nous allions à Deauville. Sole aux Vapeurs à Trouville. Hôtels trois étoiles. Puis le Normandy. Puis une Porsche d'occasion qui fonçait sur l'autoroute de l'Ouest, Franck était toujours pressé.

Le temps s'accélérait, je ne le voyais pas passer, des jours, des nuits, des mois, des années. Je croyais être heureuse. Donc, je l'étais. Faute de mieux, le bonheur de Franck faisait le mien, nous ressemblions à tous les couples. J'ai essayé de m'intéresser à ses projets. Je n'ai pas pu, ça m'ennuyait. Alors j'ai fait semblant, il ne s'est pas aperçu de la différence. Faire semblant est devenu une succession de réflexes conditionnés. Faire semblant d'approuver, faire semblant d'admirer, faire semblant de comprendre. Franck donnait dans tous les panneaux, son conformisme qui se veut « décalé » a toujours été d'une naïveté confondante. Parfois ça m'attendrissait, parfois ça m'agaçait. Ma jugeote avait beau avoir la vue courte, je comprenais qu'il gobait l'air du temps sans le soupçon d'un recul. Je ne voulais pas le juger. De quel droit ? Au nom de quelle exigence ? Pour mon trentième anniversaire, il m'a offert une Austin noire, tableau de bord en bois. Il a pris ses habitudes chez Lily à La Marlotte, rue du Cherche-Midi où s'affichaient des importants. Franck n'était pas encore de leur caste mais il avait foi en son étoile, il s'en rapprochait, serrait quelques mains ; tôt ou tard, il serait leur égal.

Nous avons déménagé une autre fois dans le 12e arrondissement avant qu'il ait les moyens d'acheter un appartement de quatre pièces sur le boulevard Morland. Je n'ai jamais osé te le dire, sachant que Bénédicte, ta chère, trop chère cousine, habitait le même quartier à la même époque. Nous nous sommes peut-être croisées dans le square où tu as tenu à m'embrasser, pour m'enrôler dans ta chimère. Je ne t'ai jamais avoué non plus que cette Bénédicte, je l'ai haïe. Tu m'en parlais trop souvent, j'avais l'impression d'accommoder les restes d'un baiser sur le pont Gabriel. Dans ce square j'ai poussé le landau de Laure, j'étais heureuse d'être mère. J'aurais préféré un garçon mais on ne choisit pas. J'avais laissé tomber mon job sans regret. Aucune ambition de carrière : je n'ai pas les crocs acérés. À Issy-les-Moulineaux, dans mon bureau, ma cage de verre plutôt, je faisais ce qu'on me demandait, comme au lycée, comme à la fac, comme dans l'agence de la BNP. La mode était à l'« épanouissement » des femmes par le travail. Très peu pour moi : j'allais au boulot comme ma mère pour ramener ma part de fric au ménage, rien de plus. Entre deux dossiers, je rêvassais. Des images sans suite, réminiscences de paysages peints par Corot, d'Aubigny ou Marquet. Petits voyages, mon imagination n'avait pas des bottes de sept lieues, les clichés qu'elle ébauchait n'étaient que des lucarnes ouvertes sur des ciels bas. Pourquoi aller trimer dans cette banlieue informe alors que Franck subvenait largement à nos besoins ? Sa femme au foyer, c'était pour lui une revanche ; à Blois, les épouses des bourgeois chez qui sa mère faisait les ménages ne travaillaient pas. Nous avions une femme de ménage, d'abord trois matinées par semaine, puis tous les jours après la naissance de Laure. C'est Franck qui a choisi le prénom, j'aurais préféré Camille ou Madeleine. Je me voyais avec au moins trois enfants, peut-être quatre, il y aurait bien un garçon dans le lot. Un sale virus m'a rendue stérile. J'ai encaissé. Troisième génération de filles uniques : Laure a ce handicap dans son capital génétique. Enfant, j'avais rêvé de pouponner un petit frère. Il restait une chambre pour son berceau à côté de la mienne, une « chambre à donner », comme disait ma mère, qui n'a jamais servi car personne ne venait nous voir. Personne non plus ne venait me voir boulevard Morland, je ne m'étais fait aucune amie au bureau et Christine, ma copine de Cahors, avait suivi son mari à Montauban ; il est de Luzech, ils voulaient se rapprocher du pays.

Franck a monté sa première boîte avec Léo Salesse, un camarade de sa promo, en s'inspirant d'un modèle américain. Il allait souvent à New York. Je l'y ai accompagné deux fois. Manhattan, c'est l'Amérique si l'on veut, mais pas celle d'Elvis et d'*Autant en emporte le vent* avec des maisons blanches à péristyle planquées dans une débauche de magnolias. C'était la mode de singer ce qui se faisait aux USA en matière de com, de coaching, de management, tous ces trucs. La mode aussi d'apprécier les provocations de Warhol au MoMA. J'avais du mal, je n'étais pas assez parisienne. Franck essayait de le devenir, ça sonnait faux quand il s'extasiait devant les bagnoles concassées de César ou la tuyauterie de Beaubourg. Je n'osais pas le lui dire, ça l'aurait humilié, il frimait pour se rassurer sans être sûr de son personnage de composition, il maîtrisait à peine le rudiment des codes du snobisme parisien.

Il se lançait aussi dans l'immobilier, prenait des parts dans des terrains de golf, des instituts de thalassothérapie. Nous étions presque riches. Il importait que ça se sache. Il a voulu se lancer dans la presse, il le fallait, disait-il, pour « exister » vraiment. Exister, son obsession. Il a acheté avec Léo une revue de déco, puis un mensuel spécialisé dans l'art de vivre. Gains de fric sur tous les fronts. Dernier déménagement pour habiter rue de la Pompe. Il rêvait du 16e arrondissement et il fallait que ce soit le bon 16e, celui du nord. Cinq pièces aménagées par un designer réputé. Du blanc partout, on aurait pu se croire dans une clinique.

Week-ends à Saint-Tropez sur le bateau de Léo avec son épouse Joyce dont la prétention était insupportable. Je n'aime pas la navigation mais il fallait faire semblant, Léo était l'actionnaire majoritaire et Joyce rédactrice en chef du mensuel. Vacances d'hiver à Courchevel. Puis à Gstaad. Je n'aime pas la neige, encore moins le ski, mais il fallait suivre le mouvement avec Laure qui déjà idolâtrait son père. Elle était toujours première à l'école, Franck la couvrait de cadeaux, surtout des fringues mais aussi un baptême de l'air, un Noël à Venise. Je n'approuvais pas qu'il achète ainsi notre fille. Sans doute aurais-je dû réagir. Je n'osais pas, ça s'emballait, je perdais pied. Mon temps s'émiettait, mon moi se diluait. Pendant un an, j'ai pris des cours de danse moderne. Puis de yoga l'année suivante, pour être « bien dans ma peau », comme il était recommandé dans les magazines de Franck. Ma peau, je la confiais à l'esthéticienne de l'avenue Paul-Doumer, ça ne changeait rien au vide qu'elle habillait. Je n'allais plus dans les musées, je ne lisais plus, je ne rêvais plus, j'assistais dans un état de semi-hébétude à des défilés de mode entre coiffeur et manucure avant de retrouver Franck dans des dîners chez des gens auxquels je n'avais rien à dire. Ils étaient plus riches que nous et cependant les épouses occupaient des postes importants. Étaient-elles « épanouies » ? « Bien dans leur peau » ? En tout cas leurs soucis, leurs curiosités, leurs appétits ne me concernaient en rien. J'étais l'épouse de Franck, présente à ce titre, mais je n'intéressais personne et ça pouvait se comprendre, je me jugeais totalement dépourvue d'intérêt. J'avais le sentiment de frauder mon admission dans cet univers de guerre économique. Ils voulaient tous la gagner, ça les excitait. Pas moi. Loin d'ériger en vertu mon indifférence, je la traînais comme un boulet. Au moins ils vivent, me disais-je, moi je végète.

Laure grandissait sagement. Toujours première à l'école. Docile apparemment, elle allait sans rechigner à ses cours de piano, de danse classique et de tennis au Racing, ça faisait partie du standing. J'avais aimé la réveiller, lui préparer son bain, son petit déjeuner, ses vêtements, son cartable, mais à huit ans déjà elle préférait s'en occuper toute seule. Comme si ma sollicitude de mère lui pesait. Franck était fier que sa fille soit aussi raisonnable. Les soirs où nous recevions, il lui demandait de venir saluer nos invités en pyjama. Elle s'exécutait comme un poney de cirque bien dressé, ça m'horripilait.

C'est toujours sur les lieux de leur enfance pauvre ou boiteuse que les riches veulent étaler leur réussite. Les nouveaux riches. Ce que nous étions, je ne peux pas le nier, et Franck a illustré jusqu'à la caricature ce parvenu dont tu te gausses cruellement. Il a voulu que nous habitions Blois, tout en gardant ses bureaux à Suresnes et sa carte de membre du Racing. Pourquoi pas Blois ? Le Val de Loire, sa douceur de vivre, ses rois et ses reines, les trois époques du château, l'assassinat du duc de Guise : j'ai abordé avec ces clichés d'écolière une ville qui ressemblait à Cahors par sa provincialité. Il manquait le soleil qui fait pâlir les murs mais j'ai apprécié les charmes discrets de cette ville, son regret de n'être plus qu'un chef-lieu ordinaire, les restes de ses riches heures derrière Saint-Nicolas et sous la cathédrale.

Nous avons inscrit Laure à Sainte-Marie et loué un hôtel particulier rue du Palais, dans le quartier où jadis créchait le gratin blésois. Revanche sociale avortée : le gratin s'est fait la malle. Il fallait se contenter de ses restes, et ne pas se tromper de Rotary : le bon, l'historique, est celui de Blois tout court, qui siège au Mercure, et pas celui de Bois-Sologne hébergé aux Trois Marchands. Le bon club de golf est celui de Cheverny et non celui de La Carte près de Chaumont, investi par les commerçants. L'apprentissage de ces distinguos puérils a beaucoup occupé Franck. Restait à déterminer où nous allions poser nos pénates. J'aurais aimé habiter une maison cossue mais sobre en bordure de la rive droite, après le mail, qui était à vendre. Ou à défaut une demeure paisiblement bourgeoise dans la partie ancienne des Fossés-Saint-Victor. Franck voulait faire construire une de ces maisons d'architecte qui ressemblent à des coquilles de crustacés ou à des cubes mal empilés par des enfants. Par chance il n'a pas trouvé le terrain adéquat. Il s'est replié sur notre maison approximativement Art déco. Il voulait les Grouets. Autre revanche non moins sociale, la bonne cette fois-ci, car les friqués ont peuplé la colline. Deux hectares. Vue sur la Loire. Piscine de rigueur. Parc dessiné par un paysagiste. Pas de miséreux à l'horizon. Le bonheur, selon Franck.

Selon presque tous s'ils ont les moyens, sauf toi. Tu n'es pas de ce bord. Tu n'es d'aucun bord, tu planes dans ta désuétude comme les milans dans le ciel et c'est ainsi que je t'aime.

Avant de te connaître, je savais que le mari de Claire B., non seulement ne faisait pas payer les pauvres, mais leur donnait de l'argent. Tu passais pour un sage égaré dans le siècle. Pour certains un barjo, pour tous une énigme. L'air de rien, tu avais emballé le plus beau parti de la région, on se demandait comment et pourquoi puisque tu n'affichais aucune ambition. On ne comprenait pas pourquoi Claire habitait une maison à peine bourgeoise et donnant sur la route à Chaumont alors que vous pouviez vous offrir un manoir des hautes époques, le XVIIe, le XVIIIe, avec parc et pavillon de gardien. On cherchait vainement le défaut de votre cuirasse conjugale, pas d'amant, pas de maîtresse. On ne pouvait même pas vous accuser de misanthropie, vous sortiez juste assez souvent pour qu'on ne vous oublie pas. Mais il fallait la bonne clef pour vous avoir à dîner. Franck ne s'est risqué à vous harponner qu'après s'être lié pour raisons professionnelles avec le cousin de Claire, celui qui préside la chambre de commerce.

Mais mon insaisissable et merveilleux chéri, de père, de mère et dirait-on de toute éternité tu as de la bourgeoisie dans le sang. Ton dédain de l'argent est superbe ; rien de ce qui s'achète ne te fait de l'œil. Mais tu n'en as jamais manqué. Jamais emprunté. Tu as toujours vécu au-dessous de tes moyens, vieux costards, vieille bagnole, vieux meubles de famille, gravures à cent euros, éditions courantes. Pas de villa en bord de mer, pas de chalet à la montagne, pas de voyages sous les cocotiers, même pas d'appartement à Paris et bien sûr pas de Rotary, tu laisses ça au moyen fretin. Mais Claire est grande bourgeoise de père et de mère, aristo sur les bords, affiliée au must parisien. Sudreau n'avait rien à refuser à sa famille. Lang était à ses pieds. Maurice Leroy et Jacqueline Gourault l'entourent de prévenances. Elle est belle de surcroît, belle sans l'avoir voulu, ça fait partie de son héritage.

Elle, je ne l'ai jamais jalousée. J'admire sa tenue, sa simplicité, son effacement, elle s'excuserait presque d'être la plus élégante : « J'ai trouvé cette veste en faisant les soldes. » La veste est probablement signée Chanel ou Hermès mais on ne peut pas le savoir. Claire te mérite. Dans mes scrupules initiaux elle avait plus de part que Franck ; pour rien au monde je n'aurais voulu l'offenser. Il y a là les séquelles d'un sentiment de classe – comme si elle appartenait à un monde que je n'ai pas le droit d'abîmer, un monde précieux, celui des romans de la comtesse de Ségur. Comme si, par ton intercession, sa magie ressuscitait mes affinités électives avec les Fleurville et leur suite enchantée.

Du temps a coulé sous les ponts de la Loire. Passé les premiers temps où j'ai découvert le pays, et fait le tri des copines les moins assommantes, l'ennui s'est installé sans que je l'aie vu venir. À Paris, il n'a pas le temps. Les années lycéennes de Laure défilaient, toujours première, le BEPC, son scooter, le bac avec mention Très Bien, sa Mehari. Adulte précoce, sans escale dans le sas de l'âge bête. Toujours gentille avec sa mère, nous ne nous sommes jamais fritées. Mais c'est à Franck qu'elle confiait ses secrets, il a su avant moi qu'elle sortait avec Cédric, qu'elle prenait la pilule et qu'elle voulait faire son droit à Paris et non à Tours.

J'avais visité les châteaux de la Loire, l'un après l'autre, consciencieusement, un guide à la main, toujours seule. Leur splendeur me paralysait ; je me sentais coupable de violer les domiciles de tous ces personnages historiques. « Tu devrais chercher un job », me disait Laure lorsqu'en revenant du lycée elle me trouvait devant la baie vitrée, regardant le paysage sans y voir autre chose que le reflet de mon apathie. Toujours la Loire. J'ai remplacé pendant un an une femme en congé de maternité au musée d'Art sacré. Ça ne me déplaisait pas mais j'étais une intruse, mes collègues travaillaient par nécessité et me le faisaient sentir. Intruse dans les châteaux, intruse dans un bureau.

Ma vie n'avait plus de sel, plus de fraîcheur ; je commençais à la voir avec les yeux d'une autre : vacuité dorée où clapotaient des vagues d'insatisfaction. Vaguelettes d'abord, coups de blues d'une néo-bourge qui jugeait ses jours convenus, autant que monotones. Serait-ce ma vie jusqu'à la mort, ces thés avec des épouses de notables, ces dîners avec les mêmes et leurs maris, ces week-ends « décontractés » dans les « Relais et Châteaux » avec toujours les mêmes, tu les connais, on en a vite fait le tour dans une petite ville de province. Finirais-je mes jours avec ce mari qui lisait sa réussite dans les miroirs de ses hochets, la Jaguar, la Rolex, les costumes de chez Smalto, la présidence du Rotary ? Ce mari était tout simplement ridicule avec ses « concepts innovants » ses grands crus à cinq cents francs la bouteille et ses chemises à son chiffre.

Je t'ai avoué une vague tentation de divorce, autour de la quarantaine. L'âge de Laure qui, elle, n'a pas résisté à la tentation. Quarante ans, peut-être un peu plus, j'ai oublié, le temps stagnait après son galop parisien qui, avec le recul, me paraissait absurde. Quelle dinde minable j'avais été à trente ans ! Minable par lâcheté car au fond je n'aimais pas ma vie, j'avais conscience de sa futilité. Mettons que l'aisance m'ait été agréable, après une jeunesse où je n'avais jamais eu un fifrelin pour m'habiller comme les copines friquées dont les parents habitaient le cours Chartreuse. Mais ça me suffisait. Je n'avais aucune revanche à assouvir, aucune envie de côtoyer des riches, encore moins des patriciens. J'avais envie d'une autre vie mais je n'en imaginais pas les contours, la passivité me clouait à mon anti-destin d'épouse qui fait semblant. En vérité, j'avais pressenti très tôt, sans me l'avouer, que je n'étais plus amoureuse de mon mari. À présent, j'en étais sûre. Il fallait réagir. En aurais-je le courage ou la force ? Était-ce trop tard ?

Franck avait créé une filiale à Tours, une autre à Orléans, et s'était lancé dans des programmes immobiliers avec Gilbert Gros. Tout lui réussissait, y compris ses placements en Bourse. Il a acheté la villa à La Baule pour satisfaire un caprice de Laure, sans doute aussi pour éponger l'ardoise de ses étés dans les arrière-cuisines des restaurants. Deuxième prison dorée, avec vue sur la mer, mais quand du gris sale brouille la ligne d'horizon, la mer ne console de rien.

Laure finissait son droit à Paris après une année à la London Business School. J'appelais mes parents une fois par semaine. Ma mère avait pris sa retraite, mon père allait l'imiter sous peu. Rien d'autre à signaler. Je descendais à Cahors pour fêter Noël avec eux, j'y revenais l'été. Toujours seule. Jamais longtemps, car un fossé s'était creusé et nous savions qu'il ne pourrait plus jamais être comblé. Trop tard. Trop de malentendus cuits à l'étouffée depuis mon mariage. Ma mère cuisinait les plats que j'aime, mais en affectant de déplorer leur modestie. « Nous n'avons pas tes moyens. » Gloria avait quitté Cahors, je ne connaissais plus personne. Les soirs, mon père s'enfermait dans son bureau, je regardais la télé avec ma mère, dans le salon, devant la photo encadrée de mon mariage. Je reconnaissais Franck, il a toujours ce même sourire mi-béat mi-carnassier. Moi, sourire de commande, je faisais déjà semblant.

Je rentrais à Blois en écoutant Elvis, le cœur lourd d'angoisse. « Good Luck Charm », c'était moi dans ce temps lointain et perdu où les lilas fleurissaient sur le mont Saint-Cyr. « She's Not You », moi aussi, cheveux au vent sur mon Solex devant la tour Barbacane. « Devil in Disguise », moi avant Toulouse, Paris et Blois, les trois étages de ma culbute dans l'insignifiance. Elvis était mort à l'âge de quarante-deux ans ; en lui survivant je nous trahissais.

Dans cette maison aménagée à mon goût de l'époque, reflet servile de la mode ambiante, je me suis sentie aussi étrangère que dans les châteaux. Le mot dépression traînait dans l'air, je l'ai pris au vol.

J'étais dépressive, ainsi s'expliquait mon malaise. À Toulouse, j'avais voulu l'imputer au capitalisme, à présent je le pathologisais, autre dérobade. J'ai consulté un psy à Paris, sans le dire à Franck et à Laure. Deux séances, mille balles chacune. Je lui ai juste dit que ma vie ne valait plus d'être vécue, sans rien lui confier d'intime, il n'aurait pas compris et ça ne le regardait pas. Il m'a prescrit un euphorisant et une cure d'activité dans l'associatif. J'ai avalé ses pilules pendant un mois et me suis inscrite à l'AVF où j'ai trimbalé dans la vieille ville des oisives dont les maris venaient d'être nommés à Blois. Aucun effet.

Ici et là, des amies divorçaient. D'autres trompaient leur mari. Presque toutes. Sexualité décomplexée. Partouzes à l'occasion, ça allait avec le chalet à Courchevel, le mas à Ramatuelle, la Légion d'honneur. Je ne voulais pas tromper Franck. Il existe des vertueuses par contention morale. Moi, je le suis au naturel. Au risque de te blesser une fois encore, je vais t'avouer que les hommages dits conjugaux de Franck, de plus en plus intermittents, suffisaient à mon… Je cherche le mot. Pas bonheur. Pas plaisir non plus. Plutôt la satisfaction de lui accorder ce qui lui revenait de droit. Rien de plus, mon chéri : l'amour à corps perdu et retrouvé ça ne pouvait être que par toi, avec toi et en toi. Aucun rapport avec leur sexualité. Les femmes sont plus impudiques que les hommes, elles racontent tout. En écoutant leurs confidences je comprenais de quoi il retournait quand elles « prenaient leur pied » ou « s'éclataient ». Vraiment pas grand-chose, hallucination brève du camé qui « plane » avant de vomir.

J'avais entrevu ça de trop près, à Toulouse. Les paradis artificiels, ecstasy ou galipettes, je les laissais à Sylvie Gros.

J'étais l'épouse de Franck et la mère de sa fille, je n'avais rien à lui reprocher. En somme, je vivais à ses crochets, ça lui donnait le droit de me tromper. Il rentrait tard, découchait quand un dîner de travail le retenait à Orléans. Je lui prêtais une aventure là-bas, avec une jolie brune qui tenait son secrétariat. Elle me ressemble vaguement. Brune coiffée au bol. Franck n'a pas beaucoup d'imagination, il craque pour les brunes plutôt mini de mon espèce, pour peu qu'elles l'admirent. Me trompait-il déjà à Paris ? Sans doute. Économique, politique ou à balles réelles, la guerre est un aphrodisiaque. Il me plaisait de le croire volage, ça justifiait rétrospectivement que je m'en sois à ce point détachée.

Je ne l'admirais plus. Bien avant de te connaître, je l'avais démystifié. C'était facile, il suffisait de parcourir les pages de pub dans les « news », son snobisme faisait feu de tout gadget. Il y a eu le sauna-jacuzzi à côté de la piscine, la gloriette sur la pelouse où il fallait servir l'apéro. La salle de projection avec écran plat au sous-sol à côté du garage. Le Steinway bien en vue au milieu de la pièce de séjour. La prestation de serment de Laure à La Tour d'Argent, homard thermidor, dom-pérignon, vue imprenable sur l'île Saint-Louis et le chevet de Notre-Dame.

Quand Lang a remporté la mairie, Franck n'a eu de cesse de le connaître. Il a fini par l'appeler « Jack » et le tutoyer, ça m'humiliait de le voir s'aplatir au point de se décréter socialisant alors qu'il avait toujours voté à droite. Il a tourné une demi-veste pour virer au centre et lécher les bottes de Maurice Leroy, le président du conseil général, sans se mettre à dos Jacqueline Gourault, la sénatrice, qui si j'ai bien compris est insubmersible. Les deux sont venus dîner à la maison, tour à tour, avec leur cercle de fidèles. Plutôt sympas et sûrement pas dupes, mais c'est leur métier de gratifier les vanités.

Il y a eu ma lassitude, plus très loin de l'écœurement, j'en avais marre de cette comédie. Je ne l'aimais plus. L'avais-je aimé ? Je ne savais plus. Peut-être à Paris, avant l'appartement de la rue de la Pompe. Peut-être jamais. Peut-être l'avais-je moins épousé que parasité pour éviter d'avoir à creuser mon trou toute seule. J'aurais mieux fait de rentrer au pays comme Christine, après mon tour de piste parisien, la maison n'a rien de fastueux mais au moins c'est la mienne et j'étais sûre de l'avoir toujours aimée, quoi que pense ma mère.

Mon père est mort à l'hôpital de Cahors, rupture d'anévrisme. Franck m'a accompagnée aux obsèques à Saint-Médard-Catus. Pas de messe, juste une bénédiction et la mise en terre aux côtés d'Amélie. C'est là que je voudrais être enterrée si tu me le permets, l'amour d'Amélie a bercé mon enfance, je me reprocherai toujours de l'avoir négligée. Laure n'a pas voulu interrompre son séminaire en Irlande pour enterrer un grand-père qu'elle connaissait à peine. Je crains que ma fille n'ait le cœur sec et ça me blesse de l'écrire. En tout cas elle n'a jamais aimé ses grands-parents, côté Blois ou côté Cahors. Autant dire : côté prolos ou côté ploucs.

Franck est reparti au sortir du cimetière, je suis restée avec ma mère, pour les papiers, le notaire. Mon père, cet homme froid et taciturne, qui était-il vraiment ? Pas de père, fils d'une mère aimante mais démunie, boursier au lycée Gambetta jusqu'au premier bac. La fonction publique par la petite porte, des promotions par l'escalier de service, celui des concours internes. Il les préparait le soir, sur la table du salon, en fumant ses gauloises dont l'odeur envahissait toutes les pièces du bas. Comment a-t-il séduit ma mère ? Quelle sorte d'amour, si jamais il y en eut ? Il était « sérieux et travailleur », épitaphe glaciale d'une épouse aussi peu douée que lui pour le bonheur. Ils m'ont aimée à leur façon, j'étais leur seul point commun. Ils ont été soulagés plutôt que fiers de me savoir du bon côté de la frontière sociale. J'étais riche, ça soldait le compte des humiliations qu'ils ont dû ruminer, chacun les siennes. Mais ça soldait aussi le compte affectif : les riches doivent rester chez les riches, mes retours les embarrassaient.

J'ai renoué avec ma petite ville, je lui ai demandé pardon de l'avoir oubliée. Le soir, dans ma chambre dont le papier peint rose se détachait de partout, j'ai pris mon ours en peluche dans mes bras et j'ai pleuré. Larmes de petite fille esseulée, de femme désemparée. Sans le savoir, je pleurais ton absence, je la pleurais avec une amertume proche du désespoir. Je ne pouvais plus croire que tu existais. Trop tard. Quand j'avais dix ans, tu étais l'introuvé ; à vingt, l'introuvable. Au-delà de la quarantaine, on ne rêve plus au Prince charmant. Même si les magazines féminins vous racontent que c'est l'âge des rebonds. Du reste, je ne les lisais plus, les superwomen dont ils décrivaient les prouesses économiques et autres me donnaient la nausée.

Je n'avais pas envie de quitter Cahors, mais ma mère n'aurait pas compris que je déserte le foyer conjugal avec le risque d'une répudiation. Retour à Blois avec Elvis. Toujours la Loire. Toujours les Grouets. Toujours les dîners. Changer de traiteur et de fleuriste pour n'en vexer aucun. Faire imprimer les cartons d'invitation et ne pas oublier le plan de table.

Afin de me désennuyer, j'ai accepté de travailler en saison et à mi-temps au château de Beauregard. J'y ai sympathisé avec des étudiants qui commentaient aux touristes la fameuse galerie des portraits et le jardin de François Ier pour se payer leurs études. Nous n'osions pas nous tutoyer, ils avaient l'âge de ma fille. Ils étaient infiniment plus cultivés que moi, j'apprenais des bribes d'histoire de France, ça m'ouvrait un peu les écoutilles. En rentrant à Blois j'allais fureter dans la librairie Labbé, j'achetais des livres qui me racontaient la vie des personnages portraiturés, c'était une évasion à la mesure de mes capacités. Modestes, mes capacités, je me mélangeais les pinceaux dans le labyrinthe des époques et des dynasties.

C'est à Beauregard que j'ai rencontré un universitaire, ou plutôt que je l'ai retrouvé car il enseignait l'art roman à l'École du Louvre l'année où j'y avais suivi des cours. Mon passé me revenait en pleine figure, je me souvenais d'avoir été sincèrement fascinée par les grands peintres, surtout ceux de la Renaissance et du Siècle d'or hollandais, mais aussi les modernes jusqu'à Bonnard, Derain, Soutine surtout. Je ne t'ai jamais parlé de cet homme parce que tu aimes Beauregard. J'ai cru être amoureuse de lui. Il était nettement plus âgé que moi. Je l'ai cru parce que j'étais disposée à le croire. Je me voyais recluse jusqu'à la fin de mon temps ici-bas dans cette maison trop grande pour deux personnes. Le caractère de Franck prenait de vilains plis. Son éternelle bonne humeur s'entachait d'une fatuité laborieuse, il ne restait plus rien de sa désinvolture, il ne savait plus rire. Il ployait l'échine comme un loufiat de comédie pour avoir un ruban à la boutonnière et son rond de serviette à la table du préfet. Il se prévalait de relations dans les hautes sphères, des ministres qui passent à la télé, des patrons du CAC 40 qui épousent des stars du show-biz. J'aurais cessé de le respecter s'il n'était resté généreux. Ça le sauvait. Un con généreux, c'est mieux qu'un con radin. Il a aidé ses parents, ses frères, ses sœurs. Ils en ont abusé, l'aîné l'a même carrément escroqué. Après la mort de mon père, il m'a suggéré de verser chaque mois une somme sur le compte de ma mère, pour beurrer ses épinards. Je me suis bien gardée de le lui proposer, elle aurait refusé et m'en aurait voulu, elle a sa dignité.

Laure admirait son père. Elle était sa complice, ils communiaient dans leur frénésie « entrepreneuriale », c'était leur mot de passe. Il fallait « innover », « dynamiser », libérer les « forces vives ». Ce genre de baratin. Il fallait que ça bouge pour rattraper les Américains et je leur disais que, dans un chantier permanent, les gens finiraient par devenir dingues. « Maman, tu es toujours négative. » Pour Franck, j'étais une « gauchiste attardée ». Dieu sait pourtant que je mettais des bémols sur mes touches d'ironie, et que j'étais vaccinée depuis Toulouse contre les utopies. Néanmoins je m'excluais de leur univers, non sans me le reprocher car j'avais aimé Laure en mère à l'ancienne, ça me navrait de la sentir aussi loin de moi. Dans l'autre camp. Cédric me rassurait un peu. Cédric, l'ancien mari de Laure, le père des enfants. C'est le fils de l'ancien patron local de *La Nouvelle République*, ils se connaissaient depuis le secondaire. Laure a toujours été bosseuse, elle n'a pas pris le temps d'essayer d'autres fiancés. Cédric n'est pas un « gagneur ». Lorsqu'ils se sont mis en ménage à Paris, dès le début de leurs études, on devinait déjà qu'une conjugalité paisible, agrémentée d'un confort moyen, suffirait à son bonheur. Je comptais sur lui pour arrondir les pointes sèches de la personnalité de Laure. Erreur : les pointes se sont effilées. Nous les avons mariés dans les règles de l'art notabiliaire. Enfin, de ses restes. Ma mère représentait ma famille, Laure l'avait habillée de pied et cap pour qu'elle ne détonne pas trop. J'avais honte de la voir traitée en parente pauvre, honte de ce mariage avec huit cents invités triés sur le volet, et personne de Cahors. Mais qui paie fait la loi, c'était l'argent de Franck. Je l'ai trouvé sale.

Jennifer et Dorian sont nés à la clinique Saint-Côme-Saint-Damien. Deux fois quatre jours de repos post-accouchement et Laure a repiqué aux dossiers, sa drogue dure. Toujours pressée, comme son père. Dynamique. Électrique. Cédric est resté un cadre moyen chez Axa. Il est moyen en tout, il le restera et il aura bien raison. Laure l'a plaqué, sans préavis. « Maman, il n'a aucun projet. » Avant de l'éjecter, elle couchait déjà avec cet énarque plus âgé qu'elle que je ne pourrai jamais aimer. Tu l'as vu à la maison lors du premier dîner, tu l'as trouvé odieux de suffisance et de cynisme. Moi aussi. Il dirige une agence de communication spécialisée dans le lancement des politiques. Leur « image ». Il s'entend à merveille avec Franck, ils ont des projets en commun. Il sera mon gendre dès que son divorce sera prononcé. Ses deux enfants vivront avec leur mère, ils se les partageront pendant les vacances. Famille « recomposée », c'est le terme en usage. Les gosses viendront à la maison, en tout cas à La Baule, je devrai faire semblant de les aimer.

Faire semblant, j'en avais marre. Cet homme qui était veuf et sans enfant ne faisait pas semblant d'aimer l'art, la littérature, l'histoire. Tu l'aurais peut-être apprécié. Peut-être pas, il cultivait un côté esthète démodé avec son nœud pap, son panama et ses costards d'alpaga, ça t'aurait agacé. Nous avons beaucoup parlé à Beauregard où il était venu pour un reportage dans une revue d'art. Quel plaisir d'écouter quelqu'un disserter sur la beauté et pas sur les courbes de croissance, les crises ministérielles, la high-tech, le mercato du PSG, les bagnoles, le fric et le fric et encore le fric ! Il m'a invitée trois fois à dîner dans des gargotes où ce qu'on sert dans les assiettes ne ressemble pas à un dessin de Miró. J'ai dû lui confier que je m'ennuyais, rien de plus ; il a deviné que j'étais en panne sèche. Il m'a parlé avec émotion de son épouse, morte d'un cancer à quarante-cinq ans. Il m'a montré sa photo, chevelure blonde, visage ovale, sourire timide. Universitaire comme lui. Je n'ai pas osé lui demander pourquoi ils n'avaient pas eu d'enfant.

La dernière fois, il m'a proposé de partager sa vie à Paris, rue Monsieur-le-Prince, un duplex sous les toits, dans l'immeuble où Pascal a écrit ses *Pensées*. Ça m'a rappelé que le sujet de ma dissert au second bac était un commentaire de Pascal. J'avais eu seize sur vingt, la meilleure note de ma classe. Il ne me tutoyait pas, ne me draguait pas. « Prenez le temps de décider. Vous êtes dans une impasse, je suis peut-être votre issue. La solitude me pèse. Appelez-moi quand vous voudrez, pour me dire oui ou non. » Il a noté son numéro, m'a tendu le papier. Baisemain cérémonieux. « Dormez bien, Hélène, vous serez dans mes rêves. »

J'ai mal dormi cette nuit-là. J'avais aimé l'écouter me raconter les baroques vénitiens puis le Montparnasse de l'entre-deux-guerres, Giacometti, Brancusi, Van Dongen. Il parlait à voix basse, comme pour me confier des secrets, établissait des parallèles insolites, le grégorien et le blues, les chansons de geste et les westerns.

J'ai cru l'aimer, jusqu'à l'aube. Franck était resté à Orléans, sans doute avec sa brune. Ou une autre, je m'en foutais. Laure n'avait plus besoin de moi, sinon pour les enfants, et à cet égard Paris serait plus commode. Je me voyais au quartier Latin, épousant la passion de cet homme qui ne me déplaisait pas, encore que je l'eusse remballé s'il avait seulement tenté de m'embrasser. Pas question de tromper Franck. Mais rompre à la loyale et me lancer sur de nouveaux rails… Le soir, Franck rentrerait, je lui annoncerais que je veux divorcer. Tant de couples divorcent. Franck ne comprendrait pas. Tant de maris plaqués par leur épouse ne comprennent pas. Franck me demanderait si j'ai « rencontré quelqu'un », formule rituelle. Je lui dirais oui, pour abréger. Ce serait à peine vrai. Je voulais m'enfuir, j'avais ma clef des champs. Mon alibi. Si j'avais pris le large, j'aurais joué le jeu de l'amour, plus ou moins convaincue qu'on finit par aimer n'importe qui si on le veut vraiment. À présent, je sais l'ineptie de ce lieu commun. L'amour qui foudroie, l'amour qui pétrifie, l'amour qui consume et peut crucifier tombe du ciel ou couve sous la braise, il ne se décide pas. L'amour qui n'a pas peur de la damnation, c'est toi et nul autre. Toi mon naufrage, toi mon île déserte, toi mon Robinson.

Je n'ai appelé que le lendemain. J'ai dit au répondeur que c'était non, j'ai ajouté que je garderais un bon souvenir de notre rencontre. Rassure-toi, mon concentré, mon condensé, mon précipité d'amour : le souvenir s'est évaporé sur l'heure, j'ai oublié jusqu'au visage, je ne le reconnaîtrais pas si je le croisais dans la rue.

Sylvie Gros m'a proposé de tenir avec elle la galerie qu'elle venait d'ouvrir rue du Puits-Châtel. Il y a quinze ans, le quartier autour de la place de l'Ave-Maria se voulait branché. Il a changé depuis, Sylvie envisage d'émigrer derrière Saint-Nicolas. Son mari était en affaires avec Franck, nous les voyions souvent, nous avons même passé des vacances d'été ensemble, au Cap-Ferret. Il faut dire « le Ferret » et louer une villa sise sur les « 44 », j'ai cru comprendre que c'est un must. Franck ne voulait que du « must ». Du « top ». Il voulait devenir le Séguéla de sa génération, ce publicitaire était sa référence.

Sous des dehors « libérés », Sylvie est une bonne fille qui trompe sa peur de vieillir en s'entichant de cultureux – le genre ancien gauchiste à catogan porté sur l'art transgressif. Elle s'en débarrasse quand elle s'aperçoit qu'ils ont des vues sur l'argent de Gilbert. Alors elle force sur le whisky et les joints. Puis se refait une santé avec le yoga, la nourriture bio et les tisanes. Ça m'a tentée de la seconder, j'y ai mis ce qui me restait d'enthousiasme. Je n'ai aucun talent mais je suis méthodique, ça rassurait Sylvie qui a des idées et de l'entregent, mais aucun sens de l'organisation.

Laure n'avait pas le temps d'être mère. Pas le goût non plus. Je me demande si elle n'a pas fait deux enfants pour se prouver qu'une femme moderne peut gagner sur tous les tableaux. J'étais souvent à Paris pour réceptionner les loupiots à la crèche, je les redescendais souvent à Blois et ça continue. Le mot « grand-mère » a cet avantage de conférer un statut au vieillissement. Il le cautionne et l'ennoblit. J'avais été une femme, brièvement une « belle-mère », j'étais une grand-mère résignée au vieillissement. Un matin, Sylvie, qui a trois ans de moins que moi, m'a balancé ceci : « Il y a du nouveau, darling, je ne suis plus sur le marché du désir. » Elle allait renoncer à la chirurgie esthétique et à l'aquagym. « Ras le bol des corvées érotiques, je vais enfin vivre ma vie. » Je n'étais pas obligée de la croire, son cœur d'artichaut connaissait juste une baisse de tension.

Je n'avais pas comme elle le désir obsédant de plaire, n'ayant jamais envisagé de prendre un amant. C'est en vue d'être cotée sur le « marché du désir » qu'une femme se pare. Comme n'importe quelle femme pas trop disgracieuse, j'avais surpris des regards qui me déshabillaient. Ces hommages-là, pas délicats mais qui rassurent, se faisaient rares. Je me suis mise à scruter mon visage, j'y ai lu les prémices d'une débâcle. Rides sur le front, rides entre l'œil et la tempe, rides autour du cou. Sans compter les cernes, les cheveux gris ou blancs crayeux. Le corps, je t'épargne les détails. J'ai forcé sur les crèmes, les revigorantes, les adoucissantes, les amincissantes. Je me suis abonnée chez l'esthéticienne et au club de gym où les mémères de Blois vont transpirer leur cellulite. Trois fois par semaine, dominante abdos et fessiers, c'est toujours là que ça part en citrouille. Je m'infligeais ces pensums avec le sentiment de cultiver à fonds perdus un narcissisme dérisoire. Ne plaire qu'à soi, ça rime à quoi ? À rien.

Laure cependant m'exhortait à poursuivre cette guerre perdue d'avance. « Tu dois te battre, maman. » Toutes les pubs exhortent à se battre en citant l'exemple de Jane Fonda. Laure se bat sans relâche. Elle m'a pris d'autorité un rendez-vous chez un dermato, il m'a suggéré des injections de Botox. J'ai hésité, j'avais peur de ressembler à ces poupées Barbie qu'on voit en tenue de bain sur une grève dans les magazines people. Laure s'était même renseignée sur les chirurgiens esthétiques les plus réputés. « Toutes les femmes de ton âge y vont, qu'est-ce que tu risques ? »

Je risquais de me retrouver comme Léa, la femme du transporteur, avec des lèvres qu'on croirait victimes de l'assaut d'un essaim de guêpes. Ou comme Joyce Salesse dont le visage figé et glacé tel celui d'un mannequin de cire devient grimaçant quand elle essaie de sourire. Je risquais surtout de me perdre dans une course à l'échalote angoissante et vaine. Les sentences fatalistes de ma grand-mère Amélie me revenaient. Vers la fin, elle était ridée comme une pomme reinette, édentée, recroquevillée. « Une vieille, c'est laid, ma petite Hélène. On n'y peut rien. Tu es belle comme un abricot, un jour tu seras laide comme un pruneau. » Elle est morte chez elle à Saint-Médard-Catus, dans son lit – et ce visage informe, je l'ai trouvé beau, il recelait un secret. En écrivant cela, j'observe le visage de ma mère. Longtemps je lui ai ressemblé. Elle me sourit, puis son regard terni s'évade Dieu sait où. S'évade ou s'égare. Bientôt elle ne me reconnaîtra plus, le médecin m'a prévenue. C'est le destin, le Botox n'y aurait rien changé.

« Maman, il faut te battre. » Ça prouvait au moins qu'elle m'aime, à sa façon. On aime toujours l'autre à notre façon qui n'est jamais la bonne. Sauf toi et moi, nous nous aimons sans façon. Laure voulait aussi m'habiller plus court et plus gai. Je n'avais pas envie. Plaire à qui ? Je me voyais en sombre passe-muraille et m'en tenais à mes tailleurs Burberry. Franck ne me voyait plus, ses projets l'accaparaient. Sa boîte – il fallait dire son « groupe » – avait désormais pignon sur rue derrière l'église Sainte-Clotilde, avec un studio attenant où il couchait trois nuits par semaine. Traduction simultanée : trois soirs sans dîners.

Pour parachever son ascension, il voulait entrer en politique, conseiller général, ou régional, ou député, quelque chose d'officiel. Il n'était qu'un notable officieux donc précaire, il avait besoin d'un label barré de tricolore. Il s'habillait moins sport et châtiait son langage. Il représentait le MEDEF au niveau de la région et avait adhéré à une loge, peut-être la même obédience que mon père, peut-être une autre, je n'y connais rien. Je sais seulement que Gilbert Gros l'avait parrainé. Il cotisait à toutes les associations caritatives, culturelles ou sportives blésoises, je m'en apercevais en épluchant le courrier. Son vibrionnage ne me donnait plus le tournis, j'y assistais en spectatrice neutre et passive, ne redevenant l'épouse que les soirs de dîners.

Il vieillissait pourtant, lui aussi. Les lendemains de fiesta, il avait le teint mâché et des poches sous les yeux. Le samedi, il pédalait sur son vélo d'appartement et chaque hiver passait huit jours dans l'institut de thalasso de Quiberon. J'en profitais pour aller voir ma mère : aucune envie de barboter dans de la boue ou de l'eau tiède. Les repas en tête à tête auraient été une corvée, les rares fois où ça nous arrivait encore, Franck m'adressait à peine la parole, le sel, le poivre et « je file à Paris, j'ai un rendez-vous à seize heures ». Je savais qu'à Paris il consultait un cardiologue.

Il avait peur sans doute, les maris de mes amies ont tous peur, sans exception. D'autant plus peur que tous ou presque ont un père ou une mère au bord de la tombe. Chaque matin, Sylvie me racontait sa visite de la veille au soir à sa mère impotente et débile, avec cette crudité de langage qui dissimule ses bons sentiments. « Elle bave comme un nourrisson. C'est dingue, darling, je n'ai pas pu avoir d'enfant, il m'en tombe un du ciel sur le tard. Du ciel ou plutôt de l'enfer. Je la nourris à la cuillère, je l'accompagne aux toilettes. » Si intimité il y eut entre Sylvie et moi, c'était le partage du sentiment que le grand âge a réduit nos mères à l'état d'épaves et que nous serons de la prochaine tournée.

À la longue et par paliers insensibles, j'avais cessé de me percevoir comme une femme. Il y a dans mes gènes de provinciale aucunement émancipée cette évidence qu'une femme est sur terre pour séduire un homme. Ou plusieurs si le premier choix a laissé à désirer. Sinon pourquoi la mode, les cosmétiques, tout le bazar du consumérisme ? Pourquoi, dans toutes les pubs, cette minette bronzée, à peine trentenaire, lèvres ouvertes, croupe offerte, promettant le big-bang sexuel pour vendre un séjour aux Antilles, un parfum ou des pots de yaourt ? Une grand-mère n'est plus un objet de désir. Aucune libido masculine n'a envie d'acculer sur un sofa une des sexas qui sourient béatement sur la pub de la SNCF. La grand-mère apaisée que j'étais devenue exerçait à temps partiel son métier d'épouse – accessoire d'une panoplie enrichie d'un ruban bleu à force de bassesses. Ordre national du Mérite. Vous étiez invités à la cérémonie mais vous n'êtes pas venus, nous nous connaissions à peine. Tu n'étais pour Franck que le mari de Claire et il a longtemps hésité avant de vous convier chez nous – pardon, chez lui, Claire l'intimidait. Elle était le modèle de toutes ces dames. Il fallait l'avoir eue à sa table pour exister et comme vous vous faisiez rares, certaines lui imputaient une morgue de caste. Pas moi. J'ai des raisons d'être sensible à ces détails qui trahissent un sentiment de prééminence sociale, j'étais sûre que Claire n'avait de dédain pour personne. Elle me subjuguait, j'aurais aimé être son amie et sans la connaître je la défendais bec et ongles.

Cette cérémonie dans les salons du conseil général aura été le plus accablant des révélateurs. Tableau : les huiles autour du préfet et de Leroy, Laure et moi autour de Franck, ses frères et sa sœur plus loin, il ne tenait pas à les mettre en exergue. Ses parents étaient morts entre-temps, son père d'une rupture d'anévrisme, sa mère d'un cancer qu'elle n'avait pas voulu soigner. Il n'allait pas souvent les voir, ne souhaitait pas que je l'accompagne et les a enterrés à la sauvette, sans faire-part dans la presse. Mais il les a logés dans un caveau pharaonique au cimetière de Vineuil. Discours convenu du préfet. (« Vous avez contribué à dynamiser l'économie de notre région, etc. ») Discours faussement humble du récipiendaire. (« Je tiens à associer mon épouse, Hélène, qui… et cætera. ») Laure s'est tournée vers moi : « Tu es fière, maman ? » J'ai dit oui bien sûr, j'ai pensé non, très fort. Non, je n'étais pas fière d'avoir accompagné le parcours d'un jeune ambitieux sympa jusqu'à cette guignolerie qui annonçait un vieux con pas sympa.

L'épouse illusoirement « associée » meublait ses jours avec ses occupations de grand-mère et de galeriste. Je montais à Paris pour la coqueluche de Jennifer, les oreillons de Dorian. Ou si la nounou prenait ses congés. Ou si Laure s'envolait pour aller plaider à Londres, quelquefois à Washington. Elle s'internationalisait, truffait son langage de mots anglais. « *Leave a message, I'call you right back* », disait son répondeur.

J'y montais aussi pour organiser les expos d'artistes et j'en profitais pour aller visiter les musées. J'admirais, j'essayais de comprendre ; les musées étaient des parenthèses de liberté, de fraîcheur aussi, je retrouvais mes emballements juvéniles, sur le mode mineur. Ce sentiment presque douloureux que certaines œuvres existaient en moi à l'état de préfiguration. En moi, mais où ? Je ne savais pas.

Mon inculture s'est habillée d'un vernis suffisant pour donner le change dans une ville sans universités. D'autant que je suis la petite main ; c'est Sylvie qui choisit les artistes que nous exposons. Le plus souvent ils me laissent froide, mes goûts sont les mêmes que les tiens, Sylvie les juge conventionnels. Elle prône l'art qui « décoiffe » ; je préfère celui qui réveille en douceur et suggère l'ineffable avec le sourire. Le moindre épigone de l'impressionnisme ou des aquarellistes anglais me touche davantage que Tàpies, Combas ou Garouste.

Les soirs, seule à la maison, j'effeuillais des albums, avec ravissement ; j'ai fini par habiter à titre semi-clandestin un univers de formes et de couleurs ; j'oubliais le reste qui ne dépendait pas de moi. Ces journées dans le cocon de la galerie, ces soirs sans dîners, c'était mon coin de paradis. Les enfants de Laure dormaient dans leur chambre. La tendresse qu'ils m'inspiraient avait à voir avec les Vierges de Fra Angelico, les roses de Renoir ou de Maurice Denis. Vieillir ne me faisait plus peur.

Même mourir. Je savais bien que j'étais sur la pente fatale mais la douceur de la déclivité me rassurait, des années s'écouleraient avant que les enfants soient assez grands pour ne plus avoir besoin d'une grand-mère. Les week-ends, Franck me demandait de recevoir des ministres et leur suite énarchique qui avaient chassé à Chambord, c'était ma seule servitude. Sa mégalo croissante avait cet avantage qu'il négligeait un peu les ténors locaux. Il lui fallait du national, du lourd, des sommités qui font la roue à la télé et il ne pouvait les capturer qu'en fin de semaine. Le reste du temps, il les courtisait à Paris, j'étais libre. Morte en sursis mais libre.

Soudain… Les larmes étaient là, je les sentais venir ; voilà qu'elles tachent cette feuille blanche. Larmes de joie et de douleur, il faudra bien que je m'habitue au mélange.

Soudain… toi, mon sauveur. Soudain, ces bleus de Matisse entre mes gris nuageux quand entrait dans la galerie le toubib de Chaumont avec ses costards informes, ses polos usés, ses mocassins éculés. Toujours mal peigné et la clope aux lèvres. Sylvie te trouvait « lunaire ». Moi je te trouvais rafraîchissant comme une aube givrée depuis ce dîner à l'Orangerie du château, où tu m'avais fait rire en t'excusant de n'être pas un adulte. « Erreur d'aiguillage. Dieu avait dû s'endormir. Je n'étais pas fait pour vivre dans cette époque, sur cette planète, avec ce pedigree. J'essaie mais, vous voyez, ça tombe à plat. » À la fin du repas, tu m'as tutoyée, ça m'a fait plaisir. « Je suis désolé, tu aurais sans doute préféré un voisin de table plus… moderne. »

J'ai bafouillé que je n'étais pas moderne, j'étais flattée que tu aies daigné rechercher ma complicité, tu passais pour un ours plutôt bien léché mais assez inabordable.

Ton ironie faisait mouche. Tu semblais voir les dîneurs avec une loupe grossissante, ils devenaient des grotesques de Magnasco ou de Goya. Tous, sauf Claire. Elle distribuait l'aumône de ses sourires avec une affabilité discrète, un peu distante, un peu lasse. Chic parisien, inimitable même avec le plus gros compte en banque. Distinction patricienne, encore plus inimitable.

Soudain, toi. Plus personne ne croit aux miracles. La foi candide, c'était la génération de ma grand-mère Amélie. Soudain, ce miracle, comme dans les dessins des livres de cathé où Jésus marche sur les eaux : toi. Je ne pouvais pas y croire. Je me suis surprise à essayer d'y croire. J'ai douté comme saint Thomas, il me fallait une preuve.

À chacun sa légende des origines. Pour moi, ce fut un aparté dans la galerie. Tu es passé plusieurs fois alors qu'avant ce dîner tu ignorais mon existence. J'avais peur que ce ne soit pour Sylvie, elle n'a rien perdu de ses réflexes d'allumeuse et il ne lui aurait pas déplu d'ajouter le mari de Claire B. à son tableau de chasse.

Tu es venu chercher ton tableau, un inconnu fin XIXe récupéré à vil prix dans une salle des ventes, qui dans la manière des Hollandais du Grand Siècle avait semé des vaches blanches sur un vallon, à l'orée d'un bois. Comme à Charolles, ton patelin d'origine. Sylvie n'était pas là. Tu as évoqué ton enfance rêveuse et paresseuse, tes mécomptes scolaires. Tu décrivais avec cette même ironie qui n'épargne personne un personnage titubant, presque burlesque : toi dans ton jus initial, la bourgeoisie de campagne. Tu m'as même raconté le suicide de ton grand-père. « Le fait d'armes majeur dans ma famille. » Suicide par amour. Tu as froncé les sourcils. « Il n'y a qu'à toi que j'ai raconté ça. Pourquoi ? » Un accord s'est fait entre ta voix, tes yeux et ton sourire, je l'ai interprété comme une promesse. Laquelle, je l'ignorais bien sûr. La promesse d'une intimité. Pas celle qui se noue entre un homme et une femme, amitié tendre ou connivence fraternelle. Quelque chose de plus grave.

Dès lors, j'ai espéré chaque jour. Vertu théologale si je me souviens bien, l'espérance est déjà un miracle. Espérance de quoi ? Espérance de toi. J'ai cherché Charolles sur une carte routière. Ça existe, j'ai trouvé le mot quelque part entre Moulins et Mâcon. J'essayais d'imaginer le décor, sur la foi de ce tableau que tu étais prêt à payer vingt fois le prix, tu voulais accrocher ton enfance dans ton salon.

Tu repassais de plus en plus souvent en nous expliquant qu'une patiente requérait tes soins rue des Juifs. Tu ne quittais pas ton loden gris. « Juste un bonjour, j'ai encore six visites. » Tu regardais avec une feinte curiosité les toiles ou les sculptures exposées, m'adressais un sourire. J'étais presque sûre que tu venais pour moi, ton sourire était une caresse. « Il est vraiment sympa », me disait Sylvie quand tu étais reparti. Sympa peut-être, mais surtout tellement naturel dans ton étrangeté, tu venais d'une autre planète, la nôtre sous ton regard devenait un théâtre d'ombres qui te divertissait. Tu appréciais que Sylvie te laisse fumer dans l'arrière-salle de la galerie, je n'appréciais pas trop que vous vous y attardiez. J'étais tout simplement jalouse, et je me demandais pourquoi.

C'est alors que j'ai suggéré à Franck de vous convier dans ses dîners. Il a été étonné que vous acceptiez, il y a vu le passage de la dernière frontière, il existait aux yeux de Claire. Dès les premiers, notre complicité m'a inondée d'une joie de gamine qui prémédite une bonne farce. Un regard nous suffisait, un sourire furtif, nous étions les deux cancres du fond de la salle, les deux folles du régiment, les deux moutons noirs du troupeau. Coalition à deux, pour nous amuser. À deux et presque à trois : je ne pouvais pas dissocier Claire, elle était des nôtres sans le savoir. Ta causticité n'épargnait rien. Ce décor que j'avais conçu, que j'avais voulu, j'en percevais la froideur insipide. La baie vitrée, trop large, on ne sait plus si on est dedans ou dehors. La table basse ovoïde du salon, trop impersonnelle. Les toiles sur les murs, choisies pour leurs couleurs et qui ne racontent rien. La mezzanine qui ôte toute intimité et ne sert à rien, il y a suffisamment de chambres en bas. Le Steinway sans emploi puisque Laure n'a pas accroché à l'école de musique.

Toi, tu habites une vraie maison, sans pittoresque ni prétention, quatre murs, un toit, un jardin minuscule, quelques arbres, quelques fleurs – mais elle est gorgée d'âme avec les boiseries des murs, les meubles de famille, le Gaveau noir sans queue dans un coin du salon, les odeurs venues de la cuisine qui m'ont rappelé celles de chez Amélie. Une vraie maison où tout se mijote en prenant son temps, les confitures, les sentiments. La seule fois où nous y avons dîné, avec vos amis Lacroix, j'ai compris que la simplicité aussi est un héritage, on ne peut pas l'acheter, ni l'imiter. Franck l'a senti, il s'est tenu sur sa réserve. Claire avait cuisiné tous les plats avec la seule aide de Maryse, rien ne venait de chez un traiteur. Aucun cru n'était connu. Des vins de famille, comme les couverts, l'argenterie et sans doute le camée ivoire cerclé d'or de Claire. J'avais le tableau en face de moi, les vaches blanches étaient nos complices, elles m'intronisaient dans ton pays. Retour sur images des années soixante à Charolles, commenté par Jean-Paul. Tu as évoqué longuement ta grand-mère maternelle, originaire du Creusot, orpheline de père et de mère et ouvrière dans une usine des Schneider à l'âge de seize ans. J'ai pensé à ta copine Mathilde et à Amélie qui, elle, n'a pas eu la chance de séduire un gros vigneron. Franck souriait jaune ; cet impromptu attendri sur le versant prolétaire de ta généalogie le gênait aux entournures, il a honte de sa famille. Quand nos regards se croisaient, tes sourires semblaient me dire : tu es des nôtres. Je baignais dans un tel état d'euphorie que j'ai osé parler à Claire de mes parents et d'Amélie avec un sentiment de fierté. Je réhabilitais les miens en me vengeant du mépris de Franck et Claire était en quelque sorte ma complice.

Chez nous, tu ne commentais pas, tu regardais, tu ébauchais un sourire, je comprenais. Avant de renier mon passé blésois, je l'ai trahi en le jugeant avec ton regard. Une autre que moi habitait cette maison. Moi, je n'habitais plus nulle part, c'était une griserie incroyable.

À chacun sa légende des origines. La tienne, ce fut l'aveu ébahi après l'expo des œuvres du Pérugin au musée Jacquemart-André. C'est ta mythologie, je l'ai faite mienne. Ça me flattait d'être comparée à Marie-Madeleine. En même temps, ça me gênait parce que le portrait, sans doute inspiré par l'épouse du Pérugin, ressemble à Claire plus qu'à moi. Tu as improvisé une comparaison avec la Marie-Madeleine baroque et très sensuelle de l'église Saint-Nicolas. Sa chevelure cascade sur son corps, sa tête est posée dans sa main ouverte, elle a l'air rêveuse plutôt que repentante. Les deux te séduisaient, j'en ai déduit que pour te plaire il faudrait être à la fois très sage et très alanguie. Sage, j'avais l'habitude ; alanguie, je ne connaissais pas le rôle.

Ce fut un moment de grâce, je l'ai vécu en tremblant. Mais je savais déjà que tu serais l'amour de ma vie. L'homme de ma vie. Le sens de ma vie. Je l'ai su quand tu as quitté la galerie avec ton tableau sous le bras, emballé par mes soins. Je ne voulais pas que tu t'en ailles, j'ai failli te proposer d'aller manger un plat au Bistrot de Léonard sur la rue du Maréchal-de-Lattre. Je n'ai pas osé, à cause de Sylvie. J'ai prétexté une migraine pour rentrer chez moi. Premier mensonge ; les autres ont coulé de source. J'avais besoin d'être seule, mon cœur s'emballait. Par chance, Franck m'a téléphoné pour me prévenir qu'il ne rentrerait pas dîner. Sa voix était d'un étranger, je n'aurais pas supporté sa présence. Je me suis étalée sur le lit – ce lit que tu connais, mon monstrueux amour. Sa profanation me fait sourire, tu la voulais, tu l'as eue, c'était… nous.

Où étais-je ? Dans une maison inanimée, sur un lit stupidement conjugal. Qui étais-je ? Une naufragée sur un rafiot fantôme, telle Ophélie dans le poème de Rimbaud. Une Ophélie à mon insignifiante mesure, pas tout à fait sûre d'avoir atteint les « Ciel ! amour ! liberté ! », mais l'espérant de toute son âme. Étais-je vraiment amoureuse ? Oui, amoureuse bel et bien car dans mon sommeil je te serrais dans mes bras sous prétexte de te réchauffer. Au réveil, je m'étonnais de ne pas être dans ma chambre d'enfant. Je me demandais si tes sentiments avaient passé la même frontière. Tu étais timide comme un jouvenceau. Devrais-je attendre que tu te déclares ?

J'ai pris les devants comme on jette une bouteille à la mer. « Une amitié extrême » : ainsi ai-je contourné le mot amour. J'avais peur de l'abîmer en le prononçant. Peur de ne pas le mériter. Peur de te brusquer. Amitié extrême, c'était façon de dire : je suis à toi corps et âme, aujourd'hui, demain et à tout jamais. À toi depuis toujours. Façon de redevenir la lycéenne de Cahors, sage en attendant l'heure où nous larguerions les amarres. Façon de différer les premières fois, dans ce temps désormais illimité et réversible qui ouvrait devant nous les portes d'un temple jusqu'alors inviolé.

Illimité ? Tu t'abuses, pauvre folle, ai-je pensé à l'approche du premier baiser, devant la glace de la salle de bains. J'allais embrasser mon futur amant et je voyais avec effroi un visage défraîchi : des cernes, des rides, des plis. Bientôt mon corps nu serait dans ses bras. J'ai ouvert mon peignoir devant la glace et j'ai paniqué. Je n'ai pas osé monter sur la balance. En catastrophe j'ai pris rendez-vous chez l'esthéticienne, soins complets s'il vous plaît, le visage surtout et après un massage amincissant. Pauvre sexa, tu vas à la guerre sans armure ni bouclier, et l'homme qui disposera de toi est expert en féminité, ton œil s'allumait chaque fois que tu croisais une minette, et tu jaugeais les jambes trop ceci, le haut pas assez cela.

Pourtant il faudrait que… Cette peur, tu ne l'as jamais ressentie. Ton vieillissement t'amuse, pour un peu tu en rajouterais sur ses avanies. Tu prends à la légère ton futur rôle de grand-père. Tu as toujours pris tes rôles à la légère, ton métier, ta conjugalité, ta paternité. Tu as toujours été un autre, et tu n'as pas d'âge, mon bel amour, malgré ton début de calvitie, tes bouées autour des hanches et ton souffle court de fumeur invétéré. Pour moi, ton corps n'aura jamais d'âge. D'ailleurs je m'en fous de ton corps, je ne l'ai jamais regardé, je ne saurais même pas le décrire. Tu es toi et tes doigts sur le revers de ma main sont plus brûlants que tous les soleils tropicaux, ils te suffisent pour me mettre en transe.

J'étais dans une nasse. Trop tard pour renoncer, j'allais m'élancer à corps perdu, c'était le cas de le dire.

Le matin de ce premier baiser, j'ai passé deux heures dans la salle de bains de Laure. Quel rouge à lèvres ? D'habitude, je m'en tiens à un nude incolore. Il y a, dit-on, des hommes qui aiment les lèvres peintes. Quel maquillage ? Peut-être aucun, juste une trace de mascara. Je ne me maquille que les soirs de dîners. Quel vernis à ongles ? Ma base lumière de chez Chanel ferait l'affaire. Quel parfum ? J'ai choisi celui de Laure, Jo Malone, floral mais pimenté, plutôt que mon Lancôme habituel jugé trop poudré pour la circonstance. Tailleur pantalon ou jupe bleu marine avec collants assortis ? Car un baiser, ça part des lèvres mais les mains ne sont pas menottées, elles peuvent avoir l'humeur baladeuse. Les tiennes. Moi, je passerais mes bras autour de ton cou et m'y agripperais.

Ce que j'ai fait et il était sublime, ton baiser. Long, insinuant, allégorie tout en douceur d'un arraisonnement suivi d'une reddition sans condition. J'en ai redemandé et j'ai cru tomber dans les pommes. Peu s'en est fallu que je te supplie de prendre une chambre dans le premier hôtel venu.

L'hôtel de la première fois était presque le premier venu, je l'avais trouvé sur Internet. Tu voulais le quartier où tu habitais quand tu faisais ta médecine, tu as toujours besoin de revenir sur les traces de tes pas et tu détestes le changement. Que rien ne bouge pourrait être ta devise, tu voudrais que le monde reste en l'état où tu l'as découvert quand tu étais petit garçon.

C'était pendant le Salon de l'agriculture, tous les hôtels affichaient complet, sauf un deux étoiles dans la rue des Écoles. Une seule étoile nous aurait suffi. Ou aucune. Tu as retenu une chambre à ton nom. François B. Un lit pour deux personnes.

Même salle de bains chez Laure, mais la nounou était en retard, Laure en rendez-vous, j'avais dû m'occuper du petit déjeuner des enfants. Au sortir de la douche, je me suis abstenue de me regarder dans la glace. J'avais repris les cours de gym, trois fois par semaine, surtout les abdos, les séances chez l'esthéticienne, et le soir je ne mangeais plus qu'une pomme verte et un yaourt à zéro pour cent.

Robe, tailleur, pantalon ? Couleurs vives ? Tout en noir ? Talons hauts ou plats ? Collants crème à mi-cuisse comme Sylvie en porte souvent ? J'avais étalé une panoplie de vêtements sur le lit, dans la chambre de Laure, j'essayais l'un puis l'autre. La nounou n'arrivait pas. Jennifer tapait sur Dorian, il hurlait, entrait dans la chambre. « Mamy, elle m'a encore battu ! » Pitoyable Mamy qui se demandait avec l'angoisse d'une oie blanche quels sous-vêtements seraient appropriés. J'ai décidé que le plus simple serait le mieux, je ne t'imaginais pas en amateur de harnachements et j'ai vu juste.

Enfin, la nounou. Pas de taxis en bas de l'immeuble. J'ai pris l'autobus 63 que je connais bien, il dessert la plupart des musées entre Cluny et Marmottan. Autobus bondé, je commençais à transpirer. Une jeune femme m'a vue et s'est levée : « Vous voulez vous asseoir, madame ? » Je l'ai remerciée. En temps ordinaire j'aurais apprécié sa courtoisie. Les temps n'étaient vraiment pas ordinaires. Comment cette trentenaire aurait-elle pu se douter que la Mamy convenable qui venait de s'asseoir à sa place en serrant les genoux car sa jupe était courte allait à l'amour comme un soldat au baroud, armée de la conviction que la guerre est sainte.

Je suis descendue à la station Sully et suis entrée dans le square où tu avais embrassé ta maudite Bénédicte. Je reconnaissais les lieux mais il était préférable que tu ne le saches pas.

La Seine coulait, un bateau-mouche est passé sous le pont. Juste un baiser puis nous avons marché, main dans la main, sans prononcer une parole. Devant Jussieu nous avons croisé un couple d'étudiants, main dans la main comme nous. Ils nous ont souri : fraternité d'armes.

La chambre était exiguë, et d'une neutralité effrayante, un lit, une table de bois blanc, une salle de bains minuscule, un papier peint à fleurs qui se décollait à chaque angle. Tu as tiré les volets. Nous étions dans le noir, toi et moi. J'ai eu peur. Tes lèvres, tes mains ont eu raison de cette peur. C'était miraculeux, mon corps n'avait plus de pesanteur, je perdais la conscience de ses formes.

Rien de moins physique que de subir puis de mendier humblement la plus noble, la plus religieuse des indignités. En violant ma pudeur tu répondais à un vœu inavouable, je n'aspirais qu'à ce renoncement. Toi et moi sans un mot. Toi pour en finir avec ce moi nul et caduc qui s'épandait en larmes de joie comme le ruisseau se perd dans le fleuve, jusqu'à la noyade dans l'océan.

Nous avons déambulé autour de l'Odéon en léchant les vitrines des libraires, bras dessus bras dessous comme font tous les couples, à tous les âges. Je fredonnais une chanson de Johnny, « Pour moi la vie va commencer ». Il était temps. Nous avons déjeuné dans un restaurant italien de la rue de Condé dont la patronne et les serveuses sont des brunes ravissantes, ça ne t'a pas échappé, ça ne m'a même pas agacée. Nous avons marché sur les quais en feignant de ne pas nous presser mais nous avions hâte de retrouver notre chambre d'hôtel, et là, plus de peur du tout, rien que l'extase d'une concélébration selon un rituel que nous improvisions et qui n'a pas changé depuis.

Le soir, je t'ai accompagné à la gare d'Austerlitz. Il faisait froid mais le ciel était bleu et les marronniers bourgeonnaient. En longeant le Jardin des Plantes, nous apercevions des animaux derrière des grilles, je ne me souviens plus lesquels, peut-être des lamas. J'aurais voulu ouvrir les portes pour qu'ils s'évadent comme nous venions de le faire.

Le train de Tours avait du retard. Celui de Toulouse s'est ébranlé sur le quai voisin. Il s'arrête à Cahors. Le même train que j'avais pris pour monter à Paris, après mes trois années de fac à Toulouse. Je me suis revue en étudiante paumée, je me suis reconnue. La même en moins jeune. Les aiguilles du temps tournaient à l'envers, abolissant cette interminable parenthèse durant laquelle je t'ai attendu. Je n'en revenais pas d'être sur ce quai venteux, tête penchée sur l'épaule de mon amant.

Le temps nous a vite rattrapés. Le temps des autres, atrocement mathématique. Le temps et l'espace : ton cabinet, la galerie, nos domiciles conjugaux. Si près et absurdement séparés. Tu m'appelais entre deux patients, je te rappelais entre deux clients. Tu passais à la galerie et j'avais peur que

Sylvie ne devine. Combien de milliers de « chéri », de « je t'aime », de « je suis à toi », de « je veux toi rien que toi » chuchotés dans l'arrière-salle. J'aurais aimé varier, les mots s'usent à la longue, ils n'étaient plus à la hauteur de ce qui me transfigurait mais je n'en trouvais pas. Ton répertoire était animalier, « ma biche », ou « mon écureuil » au bout du fil, « ma léoparde » ou « ma couleuvre » quand tes mains s'impatientaient.

Nous nous retrouvions dans notre brasserie et j'avais peur du jugement de Fanny. Peur et honte du mot adultère que je croyais lire dans son regard. Dans tous les regards qui croisaient le mien sur ce pont Gabriel où j'accourais vers toi après avoir improvisé un mensonge à Sylvie.

Peur d'être surprise là où tu me donnais rendez-vous, dans les environs de Chaumont. Souvent à Mesland, derrière le cimetière, tu aimes bien ce village de vignerons, et les cimetières en général. Peur panique et bonheur fou s'imbriquaient dans nos ébats sur la banquette arrière de mon cabriolet. Peur et désir d'immoler ce qui me restait de pudeur, tu voulais cela, il le fallait, je le savais, j'y consentais. Peur et presque désir qu'un embusqué assiste au spectacle « live » d'une similibourge ligotée des bras – pull relevé –, et des jambes – jean baissé –, déhanchée au fond d'une voiture, captive d'une frénésie voluptueusement satanique. Quelquefois l'outrage se perpétrait contre un arbre, moi adossée au tronc, plus nue que tous les nus de l'histoire de la peinture avec mes collants sur les genoux. Quelquefois sur l'herbe d'une clairière et je me sentais moins indécente parce qu'un nu intégral ressemble à un tableau.

Peur que Franck, en dépit de son indifférence, ne s'aperçoive que je n'étais plus la même. Ou que mes boots étaient tachés de boue. Il avait noté que je m'astreignais à un régime et que dans les dîners j'étais plus volubile, l'amour me donnait de la verve, faire semblant était un plaisir et non plus une corvée.

Peur de Laure qui est plus perspicace que son père. Elle nous a aperçus, un soir où elle passait avec son mec devant le restaurant italien où nous aimons dîner, celui de la première fois. J'ai préféré ne pas te le dire, tes réactions devenaient imprévisibles. Par chance, nos mains ne se touchaient pas. Je lui ai dit que nous avions visité une expo ensemble, que tu m'avais invitée à dîner, que ta compagnie m'est agréable. « Oh, je me doute bien que ce vieux toubib ne te fait pas la cour. Il préfère les femmes de mon âge. Tu te souviens, le jour où il m'a vue à poil dans le couloir, ça l'a excité comme un ado. » Elle n'imagine sûrement pas sa mère dans les bras d'un homme, mais depuis je suis sur mes gardes, elle me trouve plus coquette qu'avant, ça lui fait plaisir et ça l'étonne.

Peur surtout que Claire sache. Un soir d'hiver où je traversais le pont, j'ai jeté mon alliance dans la Loire. Je voulais te faire ce cadeau et tu l'as apprécié. Mais en te l'annonçant je t'ai demandé de ne pas m'imiter et je suis sûre que ça t'a rassuré.

Tu m'as convaincue d'accepter que Fanny nous prête son logement. Il m'en a coûté. C'était la planque adultérine et je ne voulais pas être une femme adultère. Si vraiment tu avais voulu que nous décampions, je t'aurais suivi. N'importe où hors de Blois. Nous avons rêvé cela, au début, et c'est du côté de Cahors que nous imaginions une vie toute neuve, toi et moi, quelque part dans une maison coiffée de lauzes et enclose de murettes grises, au plus secret du causse. Une vie consacrée à l'amour, exclusivement, comme d'autres se consacrent à Dieu dans une clôture. « Le pays de ton accent », disais-tu, et nous l'accommodions ensemble ; il devenait une Toscane mâtinée d'Andalousie.

Mais tu n'aurais jamais quitté Claire. Je ne te le reproche pas. Je ne le regrette pas, c'eût été une folie. Reste qu'avant ce dîner aux Grouets où nos pieds se sont aimés sous la table, j'avais tapé divorce sur Internet, à tout hasard. Mes escarpins sur tes paraboots, c'était pour dire on va se faire la belle, toi et moi, demain si tu veux, cette nuit si tu préfères, je divorcerai à mes torts exclusifs, Franck gardera tout, son fric, sa baraque, La Baule, tu as les moyens de nous entretenir et d'ailleurs nous n'aurons besoin de rien, juste un toit, tes cigarettes et mes collants noirs.

Des mots vulgaires nous menaçaient. Les mots sont plus souvent des fardeaux que des messagers. Être ton amante, je l'ai accepté. Amante : sonorité douce et mélodieuse. Amande, amandier. Mot du passé, mot suranné comme les religieuses de Notre-Dame. Mais pas question d'être la « maîtresse » du mari de Claire.

Toi, je te soupçonne d'avoir pris un malin plaisir à coller dans le dos de Franck l'étiquette du « cocu ».

Heureusement, ce mot répugnant ne se décline pas au féminin, seul un homme peut l'encaisser. Il a partie liée avec « adultère », autre mot exécrable. Tu le sais, je n'avais jamais « trompé » Franck. Amant de mon corps, amant de mon cœur, amant de mon âme, il fallait que je t'aime pour tolérer cette mauvaise compagnie sémantique.

Tu n'étais pas jaloux de Franck. Pas encore. Il t'amusait, tu le prenais pour ce qu'il est. Tu poussais l'indulgence jusqu'à dire qu'il faut des hommes comme lui pour faire tourner l'économie et, ajoutais-tu, permettre à leurs épouses de batifoler à leur guise pendant qu'ils produisent des points de croissance. Tu ne détestais pas Sylvie, tu la plaignais plutôt et il y a de quoi, le malheur l'a prise au collet, il ne la lâchera plus. Tu ne détestais aucun de nos amis – enfin, ceux de Franck plutôt que les miens. Tu les prenais pour ce qu'ils sont, les comédiens moyennement doués et futés, mais plutôt sympas, du théâtre des sociabilités d'adultes.

Pourquoi, mon amour désarmant de douceur, pourquoi as-tu réagi avec cette brutalité quand Franck, en vous raccompagnant devant le portail, a posé sa main sur mon épaule ? C'est sa manière, il a ce geste avec n'importe qui, ses associés, ses copains de golf, ses secrétaires. Il appelle « chérie » toutes les femmes, ça se fait dans les milieux branchés. Pourquoi ta jalousie s'est-elle allumée à cette brindille ? Elle a tout incendié, elle a noirci ton regard, mouché tes sourires. Elle a mis du malheur dans notre bonheur.

Pourquoi, pauvre idiote, ne t'ai-je pas menti le lendemain, dans un chemin à la sortie de Coulanges ? Nous avions peu de temps. Ta voix au téléphone était méconnaissable. « Je ne mettrai plus les pieds dans cette baraque et je ne veux plus voir ce connard. » J'étais anéantie. J'ai cru qu'une étreinte mettrait fin au malentendu. Tes yeux sans lumière, ton front plissé, tes lèvres pincées, tes mains dans les poches de ton imperméable, comme un flic devant un suspect. Tu ne m'as même pas laissée t'embrasser. « Je te demande de ne plus jamais tolérer… tu me comprends. » La même voix qu'au téléphone, en plus métallique. J'aurais dû te dire qu'il ne me touchait plus depuis longtemps, je n'aurais pas été loin de la vérité. Il me touchait très rarement, peut-être pour se prouver que j'étais encore sa femme. Ou pour toute autre raison dont je n'avais que faire. Ses approches me rappelaient la scène dans *Belle du Seigneur* où Ariane évoque les « gigotements » de son mari, qu'elle trouve ridicules. Je terminais justement ce roman. J'en étais au passage où Ariane fait naître la jalousie de Solal. Mais ils avaient besoin de pimenter un amour qui tournait en boucle. Le nôtre planait dans l'azur, il ne risquait pas la satiété. Pouvais-je te rappeler l'épisode des « gigotements » pour te convaincre que ça me laissait de marbre ? Une seule fois depuis que j'étais ton épouse selon l'amour, je les avais subis, avec dégoût de lui et de moi car je m'étais sentie dans la peau d'une pute. J'ai commis la bêtise de te le dire. J'ai cru que tu allais me gifler. Ou infiniment pire, que tu allais t'en aller sans retour.

« Plus jamais. Jure-moi sur la tête de ta fille. »

J'ai juré, en t'implorant, autre bêtise, de me laisser un peu de temps. Tu as refusé. « Dès maintenant. » Il a fallu que je jure une seconde fois. Il faudrait désormais grever notre amour avec cette lourde hypothèque : ta jalousie. Elle te dénaturait. J'allais devoir te mentir pour te protéger. Mentir à Franck et à Sylvie, c'était facile et du reste je n'avais pas le choix. Je m'accommodais de la clandestinité et même je m'y complaisais, le secret nous intronisait dans une confrérie ésotérique, comme celle des francs-maçons de Cahors. Mais te mentir, quelle souffrance ! Du reste, aucun baume ne pouvait apaiser ta jalousie. Le soir où je revenais de Tours, après une engueulade téléphonique, je suis venue à ton cabinet, par défi, sans te dire que Franck m'attendait pour dîner aux Hauts de Loire avec son associé parisien, et que j'allais être à la bourre. Je n'ai pas regretté ce petit sacrilège déontologique, c'était délicieux d'être « consultée » sur la table blanche par des mains aussi expertes.

Délicieux, je te l'avoue, mon amant parfois diabolique, ce comble d'indignité : mon corps soumis, crucifié sur le lit conjugal, et de surcroît sans que tu m'aies permis de tirer le rideau. J'ai cru qu'après ce presque viol sans effraction tu n'exigerais plus de preuves. La chambre, tu l'avais exorcisée avec la rage du soudard. Rage en douceur, fielleuse mais soyeuse – et j'étais fière d'avoir osé commettre cette infamie. Hélas, ta jalousie n'était pas repue. Quelle profanation eût-il fallu pour la noyer ? La mort de Franck ? Tu sais que je l'ai cauchemardisée, je perdais la boule avec tes harcèlements.

La sonnerie de mon portable m'apportait moins la joie de t'entendre que la hantise d'endurer tes coups de gueule ou de blues, ils alternaient sans me laisser de répit.

« Viens tout de suite dans notre bar.

— Je vais venir, chéri. Mais j'ai un client qui…

— Je m'en fous. Viens vite. »

Je me débarrassais du client. Si Sylvie était là, j'invoquais une rage de dents, un mal de ventre, n'importe quoi. Mentir était ma respiration. Je traversais le pont en courant. Tu devisais avec Fanny. Elle me souriait gentiment ; je crois qu'elle m'aime bien. Je crois surtout qu'elle aime ce rôle de témoin, elle s'est approprié notre aventure. Tant pis. Tant mieux. Elle s'éclipsait derrière son comptoir, affectait de regarder ailleurs.

« Tu ne m'as pas rappelé hier soir.

— Je ne pouvais pas, chéri. Franck est rentré plus tôt que prévu, et… »

Ton soupir entre deux bouffées de ta cigarette :

« Tu m'aimes vraiment ? »

Ton regard me désarmait ; je ne supportais pas de te voir aussi malheureux.

« François, ne sois pas idiot. Tu veux quelle preuve maintenant ? Que je me mette à poil dans ce bar et que je te saute dessus ? »

Ton sourire retrouvait sa douceur, et comme avant tu me racontais les amours héroïques et tragiques de tes égéries de papier. Oriane de Guermantes, Gilberte, Albertine, les dernières en date car tu relisais Proust. Tu tendais tes paumes sur le guéridon, les miennes s'y posaient, tu m'appelais Oriane, j'étais une princesse de vitrail de cathédrale, mais princesse en garde à vue, il fallait regagner au plus vite mes deux geôles de plébéienne, la galerie, la maison.

Les soirs où Franck ne rentrait pas, je lisais *Belle du Seigneur* sur le canapé. J'arrivais à la fin. J'avais peur, je me doutais qu'ils allaient se suicider. Je me rassurais en me disant qu'Ariane était narcissique, Solal fou d'orgueil, et qu'ils auraient mieux fait de ne pas déserter. Parfois, ton absence était si douloureuse que je me mettais à hurler ton prénom, il fallait un Tranxène 10 pour me calmer. Un ou deux. J'allais marcher dans le parc. Un train passait. Il venait d'Onzain, tu venais d'entendre son grondement, il me tordait le ventre, j'avais peur de devenir folle. Une fois, j'ai pris ma voiture, longé la Loire, traversé le pont. Chaumont était noyée dans la brume. Je me suis garée derrière votre maison, phares éteints. Une lumière était allumée dans une pièce à l'étage. Sans doute votre chambre. Je serrais les dents, les battements de mon cœur se précipitaient. Toi si près. Toi si loin. La lumière s'est éteinte. Toi et Claire. Moi si seule. J'ai démarré en trombe et suis rentrée aux Grouets en écoutant « Retiens la nuit », calmant plus efficace que le Tranxène. Je ne t'ai pas avoué ce voyage au bout de ma nuit, tu n'aurais pas aimé me savoir sous vos fenêtres. Pendant ces minutes d'enfer dans le noir, j'ai eu envie de sonner, de tout avouer à Claire, de lui demander pardon et de la supplier de m'héberger – une soupente, un canapé, un fauteuil, un tapis, n'importe où près de vous.

Pour nos quarante ans de mariage. Franck m'a fait cette surprise : huit jours à Saint-Barth dans une maison prêtée par un de ses amis, un ancien de HEC. J'en ai déduit qu'il avait un projet immobilier en tête, il ne prenait plus de vacances, sinon quelques jours l'été à La Baule et ses cures de thalasso.

Soit je le suivais, soit je le plaquais. Autant j'étais prête à la rupture, autant je me sentais incapable de lui infliger une humiliation. Pour mériter ton amour, je massacrerais la terre entière, mais si par mégarde j'écrase un hérisson je ne dors pas de la nuit.

Tu m'as suppliée de renoncer à ce voyage. Je ne pouvais pas. Bien sûr, j'ai évité de t'avouer que ça me faisait plaisir d'aller à Saint-Barth, je suis d'un pays où le soleil étale ses ombres en toute saison et je n'ai pas mon compte de dépaysement, toujours La Baule où on se gèle, sauf deux fois le Club Med quand Laure était encore lycéenne – Djerba, Cap Skirring – où j'ai eu l'impression d'être prise pour une demeurée avec leurs animations.

De Saint-Barth, je savais comme tout le monde que des magnats cousus d'or et des stars du show-biz s'y retrouvent. Ça excitait Franck. La réputation de l'île ne m'empêchait pas d'avoir envie de ce voyage. Pas pour m'éloigner de toi. Je serais dans les bagages de Franck, mais avec toi. Quelle douleur de prendre en solitaire des plaisirs que j'aurais voulu te faire partager ! De la maison s'étalait l'océan entre deux montagnes. Il changeait de couleur, tantôt bleu nuit, tantôt vert, parfois chocolat et, en se jetant sur deux petits rochers à l'horizon, les vagues improvisaient des ballets. Je me levais tôt pour voir le soleil apparaître entre un rideau de nuages gris et roses que le vent repoussait vers la ligne d'horizon. Je ne pensais qu'à toi en regardant des papillons divaguer autour des fleurs mauves d'un arbre dont j'ai oublié le nom. Un arbre de là-bas. De grosses tortues brunes mangeaient l'herbe du jardin, des oiseaux chantaient l'amour. Le nôtre évidemment, toi et moi. Toi, rien que toi, et j'espérais encore qu'à mon retour je pourrais te raconter sans te chagriner. Pour une fois, j'avais de quoi t'offrir des souvenirs frais, les autres sont ici et tu les connais tous. La capitale Gustavia est un décor de théâtre pour enfants comme l'aéroport, on s'attend à y croiser les personnages de la comtesse de Ségur ; les maisons sont basses, les coloriages gais mais pas criards. J'y ai assisté à deux concerts, l'un dans l'église catholique, l'autre dans l'église anglicane. Églises toutes blanches. Trio « classique » (piano, alto, clarinette), trio jazz (piano, contrebasse, batterie). Ambiance bourgeoise et provinciale, mais pas celle endimanchée des concerts dans la cathédrale de Blois. Plus simple. Mieux élevée, aurait dit ma mère. Plus élégante aussi, bien que sagement décravatée. Un côté douceur de vivre des temps révolus. Un côté Claire, si je puis me permettre.

J'étais avec toi, mon pauvre amour idiot, je croyais te voir troublé par cette floraison de minettes court et clair vêtues, dorées comme des pains au lait. J'étais avec toi, seule avec toi, sur ces routes minuscules et bombées qui escaladent une colline et soudain lèvent leur rideau sur une crique ou un lagon. Je fredonnais « Il y a le ciel, le soleil et la mer », un tube des années twist. Tu aurais aimé la tante de l'ami qui nous prêtait la maison. Âgée mais belle encore – une aventurière de la joie de vivre au naturel, amoureuse au long cours, amoureuse du ciel, du soleil et de la mer, amoureuse de ses maris défunts, de ses fils, des ours en peluche qui jonchent son lit. Elle me racontait sa vie par fragments, comme un peintre ajoute des touches de couleurs pour compléter le tableau, ça ressemblait à la vie de tes héroïnes. Amoureuse aussi d'un village de Lozère où elle fut aussi pauvre qu'Amélie avant d'être riche. Elle y revient l'été pour y rameuter ses souvenirs. Amoureuse de Saint-Barth où elle vit depuis l'époque où Rockefeller y a drainé la jet, dans une maison sur un rocher battu par les vagues, au-dessus de celle que nous occupions.

Là-bas, cette dame est un personnage de Fitzgerald. À Cahors ou à Blois, il n'y a plus de personnages. Sauf toi évidemment – mais qui s'en doute à part moi ? La nuit, je me réveillais, j'allais écouter le ressac de l'océan – musique idéale selon Noureev, c'est la dame qui m'a appris ça. Les étoiles faisaient cortège à un croissant de lune pâle et tu étais là. Partout toi, rien que toi. Au point que la jalousie me surprenait quand des filles rissolées à point musardaient autour des boutiques. Petites robes moulantes ou shorts en jean diaboliquement effrangés. Ça lui plairait beaucoup ces shorts, me disais-je en enfilant mon maillot. Une pièce, rassure-toi, et juste pour prendre le soleil sur la terrasse. La houle légère du vent sur ma peau, c'était la caresse de tes mains, moins les variations, le vent n'avait pas ta science infuse de mon corps. Pauvre corps qu'il valait mieux cacher sous une robe longue et pas trop moulante. Au fond, j'étais rassurée de te savoir à Chaumont, Loir-et-Cher : les îles sont périlleuses pour les dames quand elles ont passé l'âge de séduire les messieurs d'un certain âge.

J'aurais été heureuse de te décrire ce qui m'enchantait, ce qui m'irritait – en gros, les réactions de Franck. Dès le second jour, il savait quels restaurants étaient réputés les plus chic et dans quelles boutiques de Gustavia il convenait de s'accoutrer, chemise, short, chaussures surtout, elles font paraît-il toute la différence. Mais ta voix de chien battu dans le portable m'obligeait à te mentir. Tu avais besoin de croire que je m'ennuyais. Or les miroitements du soleil sur l'océan composaient des tableaux féeriques, Turner ou Monet ; ils reflétaient mes frissons d'amoureuse transie. Franck partait bronzer sur une plage ou retrouver dans un hôtel de luxe un homme d'affaires anglais avec qui il avait un projet. Je ne m'étais pas trompée ; nous étions surtout là parce que leur rencontre était programmée. Je restais sur la terrasse pour t'avoir au bout du portable, en calculant les décalages horaires. Ta tristesse rendait ta présence en moi douloureuse, je préférais retrouver tes sourires en fermant les yeux après tes appels.

Lis ces lignes sans t'en faire un chemin de croix : Franck ne m'a pas touchée pendant ce séjour, sa libido avait d'autres grains à picorer. Il ne m'a plus touchée depuis mon serment sur la tête de Laure. Il ne me touchera plus jamais. Je suis la mère de sa fille, la grand-mère de ses petits-enfants. Accessoirement, son épouse devant la loi. Ai-je jamais cru l'être devant Dieu ? Je dois être une catho pas très orthodoxe car devant Dieu je suis ton épouse, mon amour de toujours. Dieu que j'avais perdu de vue. Torts partagés : ma vie misérable ne méritait certes pas qu'il daigne me recontacter, mais enfin il aurait pu me mettre en garde. Je n'avais plus assisté à une messe depuis celle du mariage de Laure que nous avions dû faire baptiser en catastrophe. Or le jour du premier baiser, le désir m'est venu d'entrer dans une église. Ce fut Saint-Thomas-d'Aquin, j'avais un rendez-vous dans ce quartier. J'ai essayé de prier la Vierge devant la lampe rouge du saint sacrement, surtout de la remercier. Depuis, tu le sais, j'ai retrouvé la foi. Pas celle de ma mère qui du reste semble l'avoir oubliée à Gramat. La foi dont je suis capable, Dieu connaît mes limites. Je vais à la messe tous les dimanches, à Saint-Nicolas, à la cathédrale, à Notre-Dame-de-la-Trinité plus volontiers, je ne suis pas très Art déco mais c'est dans cette pénombre-là que l'invisible m'ouvre une porte. Un vasistas plutôt, et souvent je ne vois qu'un coin de ciel bleu, petite grâce à la mesure d'une âme de petit format. Franck et Laure me prennent pour une de ces bobos ménopausées qui donnent dans le New Age ou les sagesses orientales pour se refaire une santé morale. « Tu dérailles, maman. Fais une cure en thalasso, ça te remettra les idées en place. » Je ne peux pas lui répondre que ma cure de jouvence, c'est l'amour de toi – et qu'en renouant si peu que ce soit avec la religion de mon enfance, je rejoins mon amant. Sans toi, point de salut.

La pénitence que je t'ai proposée ne durera pas un mois. D'ailleurs je n'y tenais pas tellement ; si tu avais renâclé, je n'aurais pas insisté. Déjà mes doigts brûlent de pianoter le numéro de ton portable. À chaque appel, j'espère que ce sera toi. Ils sont rares. Une fois Laure comme chaque semaine, deux fois Sylvie pour sa future expo, une fois Franck pour savoir si je serai rentrée à temps pour un dîner, j'ai déjà oublié où, quand et avec qui. « Tu dois t'ennuyer dans ce bled. Ne t'attarde pas, ça ne sert à rien puisqu'elle a perdu les pédales. »

Elle, c'est ma mère. Je ne m'ennuie pas, je m'occupe d'elle. Ses souvenirs s'effilochent comme les nuages dans certains ciels d'automne, sur la Loire, quand un soleil orange disparaît du côté de Chaumont. Elle les débobine, ses parents à Gramat, une grand-mère de Livernon, son arrivée à Cahors munie de son certificat d'études. Pourquoi être venue s'échouer à Cahors au lieu de rester à Gramat ? Elle aurait pu seconder sa mère dans la mercerie. Elle a dû rêver du chef-lieu comme moi de la capitale : lumières de la ville, liberté chérie, et la suite qui tient rarement ses promesses.

Jamais mon père. Souvent un certain Maurice dont j'ignore s'il est encore vivant. Elle a oublié que je suis mariée. Moi aussi d'ailleurs. L'après-midi, nous marchons sur les quais, à petits pas, jusqu'au pont qui mène au stade de rugby. Elle reconnaît certaines maisons, pas toutes. Nous passons devant l'église Saint-Urcisse, notre paroisse, désaffectée depuis longtemps. Nous rentrons par la rue du Château-du-Roi. C'est la prison qui a disparu, Notre-Dame existe toujours, ça m'émeut de revoir ma première école. Plus j'entends ma mère bégayer sa vie entre deux ensommeillements, moins j'y retrouve un fil, sinon son amour pour sa fille unique. Drôle d'amour. Elle a dû me promener dans un landau, me tenir sur ses genoux, m'embrasser, chanter des berceuses pour m'endormir. Il faut croire que ça ne lui a pas suffi, il y a des aigreurs dans ses souvenirs. Les seuls qui lui soutirent un sourire attendri remontent à son enfance. Elle veut être enterrée à Gramat, avec ses parents et une sœur morte en bas âge, c'est précisé, m'a-t-elle dit, sur un testament déposé chez le notaire.

Pourquoi n'a-t-elle pas eu d'autres enfants ? Trop tard pour le lui demander. Peut-être un mauvais virus comme moi. Peut-être un fléchissement précoce de la sensualité. A-t-elle aimé mon père un peu, beaucoup, pas du tout ? L'a-t-elle trompé avec ce Maurice qui, si j'ai bien compris, était d'un milieu plus huppé que le nôtre ? J'ai grandi entre deux mutismes rompus de loin en loin par une prise de bec, mes déficiences à l'oral viennent peut-être de là, j'ai beaucoup soliloqué dans cette maison. Aucune photo de mon père sur le buffet. Mon grand-père de Gramat en uniforme, celui qui est mort dans la Somme, divers aïeux que je n'ai pas connus, et moi à tous les âges. Sourires dociles, for intime indéchiffrable. Il manque juste ma photo en communiante. Tu l'as voulue, je te l'ai donnée, elle a été prise devant Saint-Urcisse.

Si j'écoutais Franck et Laure, je hâterais la mise en établissement spécialisé. Je ne veux pas ça. Pas encore. Jamais, j'espère. J'ai recruté Gloria, retrouvée par hasard rue des Cadourques dans l'organisme chargé des soins à domicile. C'est son job. Elle a raté sa vie, sans perdre le sourire. Mariage bâclé, deux enfants pas très désirés, père inexistant, fiancés inconsistants, petits boulots, petite retraite. Elle m'énumère ses échecs en faisant le ménage, sans la moindre acrimonie. Sa fille est mariée à un maçon, elle habite Toulouse et a trois enfants. Mais le fils galère entre chômage et petits boulots, Gloria fait l'appoint ; en ce moment il vit chez elle, dans une HLM sur la route de Villeneuve. « Toi, tu es riche. Il est comment, ton mari ? » Je ne sais pas quoi lui répondre. Un mari, ça peut être beaucoup, pas grand-chose ou trois fois rien. Elle croit comprendre que le mien a disparu du paysage. « Du moment qu'il te fiche la paix. Tu te souviens de Jérôme ? Il voulait t'épouser. » Je me souviens très vaguement d'un grand brun qui frimait au volant d'une MG. Il a dû venir dans cette maison, pour écouter mes disques sur le pick-up du salon car mon père interdisait aux garçons de monter dans ma chambre. Il se retirait dans son bureau avec son paquet de gauloises, sa *Dépêche du Midi* et ses cours par correspondance. Les filles en revanche avaient le droit de monter, et je revois Gloria en robe de gitane, twistant toute seule. Ça l'émeut de retrouver cette chambre où rien n'a changé, sauf le papier peint. Il était rose, j'ai fait retapisser les murs en bleu : ainsi se résume le passage du temps.

Gloria était belle à ravir, je l'admirais, je l'enviais. Elle rayonnait comme un astre quand elle remontait l'avenue Gambetta au bras d'une de ses sœurs. Ses parents habitaient dans la vieille ville, derrière la rue Nationale, c'était le quartier des pauvres à l'époque. On l'a réhabilité depuis, les bobos s'y sont implantés, ils ont la même touche que les habitués de la galerie. Tous les garçons rêvaient d'allonger Gloria sous leur couette, on lui prêtait un avenir de diva. L'avenir d'une fille, ça se joue sur un coup de dés : le bon mec au bon moment. Ou alors c'est un plan de carrière, si on a la trempe de Laure. Elle la tient de son père, pas de moi. Mon avenir, c'est toi. Mon passé, Cahors – Gloria le commémore et ça m'effraie, elle a pris au moins vingt kilos, j'ai eu du mal à la reconnaître lorsque nous nous sommes revues. « Tu n'as pas changé, me dit-elle en regardant les photos. Moi, je suis vieille et grosse. » Un soupir, un éclat de rire, voilà sa philosophie. Je lui dis qu'elle est toujours belle et c'est presque vrai si on s'en tient au visage. Elle a eu peur de vieillir, vers la cinquantaine. Ça lui a passé mais elle a peur de finir comme les vieux dont elle s'occupe. Il faut dire les « personnes dépendantes », les mots aujourd'hui ont des pudeurs de dame catéchiste. Gloria préférerait mourir sans trop tarder. Elle me demande si je suis amoureuse, je lui réponds que oui, sans préciser. « J'en étais sûre. » Elle a hoché la tête, j'ai cru lire dans ses yeux un regret, je ne sais pas lequel, sûrement un amour qui n'a pas tenu ses promesses. Elle était très fleur bleue, elle a dû le rester malgré ses déboires. Pourquoi est-elle sûre ? Ça doit se lire dans mes yeux que je suis une amoureuse.

« Tu as gardé tes disques ? » Ma mère s'est endormie, nous montons dans ma chambre. Les disques sont empilés sur une table, à côté du Teppaz.

« Tu crois qu'il marche encore ? » Il marche encore. Je la laisse choisir. « It's Now or Never », un cadeau d'anniversaire, mes quinze ans ou mes seize, l'époque des hula hoops, des scoubidous, des jupes plissées écossaises et de mon premier Solex. Le papillon sortait de sa chrysalide, j'avais envie de vivre sans rien connaître du mode d'emploi. Gloria ébauche un pas de danse, j'ai envie de pleurer. De joie parce que toi, de tristesse parce que tu n'es pas là. Pleurer parce que le temps s'est arrêté, je suis de tous les âges, je ne sais pas lequel est le vrai. Johnny chante « Souvenirs, souvenirs », Ray Charles « Georgia on My Mind ». Sono minimum pour ne pas réveiller ma mère. Elle n'aimait pas notre musique. Mon père non plus. Je n'aime pas celle de Laure, je la trouve gueularde et hargneuse dans sa désespérance. Je n'aime que la musique de mes années de lycée, les cantiques en latin et tes baroques. Mes chanteurs, je les ai en CD, je les écoute dans ma voiture en venant vers toi ou en te quittant. Les relancer ici avec Gloria, près de ma mère, quelle embrouille dans mon cœur de midinette ! Ma jeunesse est là et pas là. Comme toi. Mon corps n'a pas le droit de la trahir. Pas le droit de te décevoir. Je me battrai, comme dit Laure. Mais pour gagner la guerre, pas pour ajourner la défaite.

Au point où j'en suis, autant ne plus rien te cacher : j'ai peur que tu ne te lasses. Moi, je ne serai jamais lasse de t'aimer, tu es le sang de ma vie. Le sang et la sève. Je t'ai attendu presque un demi-siècle, je ne veux pas te perdre. Aussi longtemps qu'il te plaira je me contorsionnerai sur une banquette de voiture au gré de ton caprice et ce sera toujours l'extase, fût-ce au prix d'un tour de reins. Aussi longtemps qu'il te plaira je serai ton esclave, aucune amoralité ne me fait plus peur, mais si tu me préfères en première communiante je redeviendrai vierge, à toi de voir. Toi, ma flûte enchantée. Toi, mon oiseau de nuit, le doux chuintement de mes insomnies.

Hier, je suis entrée dans la cathédrale, pour prier la Vierge de nous protéger. Je l'ai remerciée d'avoir posté Franck sur mon chemin, ce mariage idiot aura été l'instrument passif de notre rencontre. Rien de plus. Par pitié, épargne-nous ta jalousie, elle n'a pas de sens, pas d'objet, c'est une machine infernale qui tourne à vide en grinçant. Je ne jalouse plus ta Bénédicte ; elle aussi nous aura rapprochés et elle doit être vieille à présent. S'il te plaît, laisse-moi Laure et les enfants, cet amour-là ne doit pas te faire d'ombre. Le reste, je m'en fous. Mon alliance rouille au fond de la Loire, j'ai balancé hier dans le Lot la photo de mon mariage et je vais refiler à ma fille mon coffret à bijoux, ils m'ont tous étés offerts par son père. Je ne veux garder que la bimbeloterie éparse dans cette maison, mon ours en peluche, mes poupées, mes romans de la comtesse de Ségur et mes disques. Le lit conjugal, je le déserterai, il y a aux Grouets une chambre toujours inoccupée ; les dîners, je m'en dispenserai en invoquant une déprime inguérissable ; la galerie, je peux m'en passer, c'est juste un passe-temps – et si tu le désires nous partirons, je te suivrai comme une chienne fidèle. Mais tu resteras auprès de Claire jusqu'au terme de tes jours et tu auras raison. Le divorce est une foutaise d'adultes, ils confondent tout, les pauvres, l'amour et la conjugalité, l'amour et la sexualité. Comme tu me l'as si bien expliqué, le charme cesserait si Yseut devenait madame Tristan. Nous continuerons de nous aimer entre les mailles de leurs filets. Clandestinement. Je l'aime, notre clandestinité. L'obligation du secret nimbe nos félicités d'un halo de mystère ; nous concélébrons un culte dont tu es le grand prêtre, moi la vestale, et qui est notre saint apanage. Saint, notre amour, mon adoré ! Saint, notre mystère ! Viendra le temps où il nous suffira de nous tenir par la main. Dans très longtemps. Ce sera le même amour, autrement, non moins absolu que nos célébrations à corps ouverts. Toi et moi, vieux comme un château du Val de Loire, amoureux historiques. J'obtiendrai de Franck qu'il vende sa baraque et en achète une plus près de chez toi, à Mesland par exemple. Ou à Chaumont, il y a au bout du pont, à l'entrée de la ville, une ancienne auberge délabrée mais d'allure assez seigneuriale pour satisfaire sa mégalo. Il pourra tuer son temps avec son golf et sa politique, nous savourerons le nôtre, nous le laisserons se dilater pour qu'il accède à une éternité. Le mieux sera que tu acceptes de jouer le jeu de ces couples retraités qui ont pris l'habitude de se recevoir tour à tour. Nos pieds pourront se toucher sous la table et, si tu poses ta main sur mon épaule, personne n'y verra malice. L'idéal serait que Franck se fasse élire au conseil général, ou régional, ou national, ça l'amènerait au gâtisme sans qu'il s'en aperçoive.

Dieu veuille que notre amour ne tourne jamais à la nostalgie, comme grésillent mes microsillons sur le Teppaz. Je veux le Johnny qui retient ma nuit, pas celui des concerts au Stade de France. Je veux l'amour jusqu'au dernier souffle, pas sa parodie. S'il bat de l'aile, je m'effondrerai. Je ne veux pas te perdre, toi mon soleil brûlant, ma pluie caressante, mon vent d'autan. Toi dans mes sommeils, toi dans mes réveils à l'ombre fraîche de ton sourire. Toi qui m'as créée vestale soumise à la magie de tes ensorcellements. Toi qui m'as pliée comme un roseau sur l'autel de tes déchaînements. Toi mon duvet de tendresse, toi le brasier de ma géhenne. Toi…

Tu pourras tout te permettre ; je crie, je hurle mon aval sans condition à la souffrance, pourvu qu'elle vienne de toi. Plutôt ta cruauté que ton désamour.

Je t'aime tellement que je me suis infligé le supplice de ton absence pour me prouver qu'elle est insupportable. Preuve faite, et au-delà. Je n'ai jamais voulu que ton bonheur mais je serais aux anges si j'étais sûre de ton malheur à l'instant où j'écris ces lignes. Tu avais raison dans ta déraison : l'amour pour de vrai n'a ni pitié ni tolérance, il veut régner ou mourir. Règne, mon tyran vénéré, je suis à tes pieds ! Règne sans partage, mon seigneur et maître, ta loi sera la mienne, je ne suis qu'une houle de tendresse émanant de toi, détachée de toi par erreur d'aiguillage et aspirant à se fondre dans ton âme. Toi, rien que toi, et si tu ne veux plus de moi, j'irai me jeter dans la Loire.

Je n'en peux plus, je deviens folle. Où es-tu ? Avec qui ? Qu'as-tu raconté à Fanny ? Je suis sûre que tu vas la voir. Elle a dû te demander pourquoi je n'apparais plus sur le pont. Je la déteste. Je l'aimerai comme avant quand nous serons ensemble.

Bientôt. Demain.

J'ai prévenu Gloria, elle va s'installer ici, elle dormira dans ma chambre. Ma mère commence à nous confondre, c'est horrible mais rassurant de l'entendre dire « ma fille » à ma seule amie. Que reste-t-il de son âme ? Dans quelle région de l'invisible suis-je sa fille à tout jamais ?

Tout à l'heure, j'irai acheter mon billet à la gare. Un aller simple pour Blois, changement de train à Austerlitz. Le voyage sera long. Mes voisins de compartiment tapoteront sur leur ordinateur, regarderont un film ou se plongeront dans une revue. Moi, je fermerai les yeux et je me raconterai une histoire d'amour fantastique et véridique, le chevalier à Chaumont, sa gente dame à Blois. Je descendrai à Mer, notre gare clandestine. Tu seras là, mon chéri. Comme avant. Comme toujours. Jupe noire au-dessus du genou, tee-shirt noir, veste noire, collants noirs, c'est ainsi que tu me préfères.

En revenant de la gare je longerai le lycée Clément-Marot, descendrai l'avenue Gambetta jusqu'au pont Louis-Philippe, rentrerai chez moi et t'appellerai de ma chambre. Je pleurerai, les larmes sont toujours là, prêtes à couler, nous sommes inséparables et je ne m'en plains pas. Ce sera l'heure de tes consultations, tu auras fermé ton portable. Je dirai juste au répondeur demain, telle heure, gare de Mer. Je hurlerai « je t'aime » plusieurs fois, ça fera sourire mon ours en peluche. Demain, tu seras là pour de vrai. Pour toujours. Nous irons où tu voudras, chez Fanny, dans l'arrière-salle de la galerie, sur mon lit, sur le tien si Claire n'est pas là, dans la campagne si tu as l'humeur bucolique. Tableau de genre : midinette de province en noir sur fond vert, pendant le carnage. Mais noir sur noir, volets clos, la prédation sera la même. Par la grâce de toi, je serai l'humble et glorieuse dépossédée, toi thaumaturge, moi boue devenue or dans cette apocalypse où tout se purifie miraculeusement.

Auriac, printemps 2015.

Ouvrage composé par
PCA 44400 Rezé

Imprimé en Espagne par
Liberdúplex
à Sant Llorenç d'Hortons (Barcelone)
en décembre 2016

POCKET – 12, avenue d'Italie – 75627 Paris Cedex 13

Dépôt légal : janvier 2017
S26821/01